INFJ 의사의 병원일기

차트에 담기지 않는 마음의 기록

최은경

*주의
본문에 쓰여진 수술장의 에피소드들은 필자가 인턴, 전공의, 전임의 시절을 보냈던 2002년부터 2008년까지의 경험했던 내용들을 바탕으로 기술하였다. 따라서 약 20여년 전의 시대 배경을 바탕으로 하기 때문에 현재의 의학 기술, 병원 시스템, 언어규범, 사회 규범, 언어 감수성과는 맞지 않는 부분이 있을 수 있음을 이해해 주시길 바란다.

인턴 1개월차 때 의무기록지에 남겼던 일기

Intro

의사 면허증을 2002년에 받고 의사로서 20년 이상을 살아왔다. 달력을 넘기듯 시간이 흘렀다. 예과 2년, 본과 4년, 인턴 1년, 전공의 4년(현재 외과는 3년 과정으로 축소됨), 전임의 2년을 거쳐 외과 임상교수로 지금까지 살아오며, 나는 전형적인 의과대학-대학병원 시스템의 과정을 스케줄대로 걸어왔다.

각 시기를 지나며 느낀 생각들을 메모해 두며, 언젠가는 이 단편적인 기록들을 모아 책으로 만들어 사람들과 공유하고 싶었다. 그래서 20년이 넘은 의사 생활을 관통하는 나의 특성을 파악하려 고민하던 중 MBTI가 떠올랐다.

2-3년에 걸쳐 수차례 MBTI 테스트 (자기보고식 16가지 성격유형지표)를 한 적이 있는데, 나는 매번 일관되게 INFJ-T로 나왔다. "I"가 내향인을 지칭한다는 정도만 알고 있었을 뿐, 요즘 세대처럼 각 요소의 의미를 세분화하여 이해하지는 못했다. 그래서 생성형 AI에 "INFJ-T인 여자 의사의 특성을 알려줘"라고 물었더니, 이런 답을 받았다.

"INFJ-T 성격의 의사는 공감 능력이 뛰어나고, 사명감이 강해 환자 중심의 진료를 잘합니다. 하지만 너무 많은 공감을 하거나 환자에 몰입하면서 감정적으로 지칠 수 있습니다. 완벽한 진료를 지향하지만 현실에서는 어렵기 때문에 스트레스를 받을 수 있습니다. 정서 관리와 현실 수용의 균형이 중요합니다"

비단 INFJ-T 의사 뿐 아니라 의사가 되어 한번쯤 고민해봤던 요소들이 많이 녹아 들어 있었다. 전공의 시절에 환자 상태가 안 좋으면 같이 펑펑 울며 기도하며 수술한 환자 옆에서 밤을 지새우던 시절이 있었다. 너무 감정적으로 몰입하면 의사 생활을 버티기 힘들다고, 이성적으로 판단하고 수행하라는 조언들도 많았지만, 처음인지라 몸보다 마음이 더 아프고 힘들었던 시간들이었다. 또한 최선을 다해 진료를 한다고 하지만, 원하는 만큼 결과가 나타나지 않아 스트레스를 받기도 하고, 현실의 벽에 무너지기도 한다. 이게 의사들만의 고민이겠는가? 병원에 드나드는 모든 사람들의 고민일 것 같다. 이러한 고민의 흔적들을 환자나 수진자, 가족들에게 들려준다면 더 단단한 하나의 팀이 되어 병이라는 상대를 이겨내는데 도움이 되지 않을까 하는 작은 의협심에 펜을 들었다. 뭐 이런 거창한 목표까지 가기 전에 좀 지난 옛날의 시스템 속에서 일하던 우리들의 모습을 기억 저편으로 사라지기 전에 글로 남기고 싶은 감성이 더 강했는지도 모르겠다.

　나는 우리나라 최고의 병원이라 자부하는 대학병원 외과에서 외과 전공의, 대장항문외과 분과 전문의로 근무했다. 이후에는 건강검진센터에서 검진 결과 상담, 항문 및 배변 질환을 진료하는 임상 교수로 현재까지 일하고 있다. 이것은 축복받은 기회이자 경험이고, 많은 이들의 도움으로 가능했다.

　이 두 세계는 완전히 다르다. 종합병원 외과 의사와 건강검진센터 의사라는 상반된 두 곳에서의 경험은 정말 이색적이다. 외과에서는 진단된 환자들을 수술하고 치료하는 반면, 건강검진센터에서는 건강한 사람들을 검사해 질병을 조기에 발견하거나 예방 교육을 한다.

　　질병의 치료 : 질병의 예방과 진단
　　환자 : 건강한 수진자
　　특정 장기 질병 : 전신 건강 상태

　이런 두 경험을 가진 의사는 흔치 않을 것이다. 어떤 면에서는 의학의 시작과 끝을 모두 경험하고 있는 셈이다. 질병 발생 전 예방부터 이미 발생한 질병의 치료까지. 그래서 이 경험을 공유하고자 한다.

　이 에세이를 통해 병원 밖에서는 알지 못하는 병원 이야기들과 의사의 모습을 들려주고 싶다. 의사와 환자 사이에는 종종 보이지 않는 벽이 있다. 의학 용어, 공간적 거리, 시간적 제약, 그리고 때로는 감정적 거리감까지. 병원 밖에서는 보이지 않는 의사의 내면과 병원 안의 작은 이야기들을 나눌 수 있어 기쁘다. 이 글이 의사와 환자 사이의 이해를 깊게 하는 작은 다리가 되길 소망한다.

돌이켜보면, 의사라는 길을 선택할 수 있었던 것은 큰 축복이다. 모든 순간이 쉽지는 않았지만, 각각의 순간이 의미가 있었다. 이 과정에서 나를 이끌어 주신 스승님들, 선후배 의사들, 병원 동료들, 그리고 나를 성장시켜 준 환자들에게 감사드린다. 또한 현재의 내가 되기까지 끊임없는 사랑과 기도로 지원해 준 가족들에게도 감사하다. 무엇보다 부족한 나를 세상에서 쓰임 받게 해주시고 이 순간까지 선하게 인도해 주신 하나님 아버지께 감사와 찬양과 영광을 돌린다.

2025년 7월
서울대학교병원 헬스케어시스템 강남센터
최은경

목차

| 0 | 인트로 | 4 |

I 외과 수술장의 소소한 이야기

2시간의 교향곡	13
수술장 음악이야기	18
본능을 거슬러	23
의사 성인식	28
수술장 잡담	32
수술장의 언어법	35
수술장 아침커피 : 커피3, 프림3, 설탕3 스푼	39
자나깨나 거즈 카운트 조심	43
야심한 밤 수술장	47
모든 것이 합력하여 선을 이룬다	51

II 의사로 살아가는 이야기

눈물 젖은 김밥의 추억	59
전천후 투수, 전천후 외과의사	63
들고 남의 중요성, I/O 맞추기	66
족보 인생	71
2002년 월드컵	75
새내기 의사의 설레는 휴가	79
루틴 만들기의 중요성	83
들을 수 있는 귀	87
오른 쪽, 왼 쪽	92
의사가 환자가 될 때.	96
잃어버린 시절	99

III 병원 소리

| 수술장에서 나는 소리 | 107 |
| 중환자실 소리 | 112 |

응급실의 성난 소리		116
병원 교회 예배당에서 들리는 소리		121
사이렌 소리		124
외래에서 들리는 소리		127
당직실의 백색소리		132
의사의 핸드폰 벨소리		140
승객 중에 의사 있습니까?		144
장례식장 소리		148

IV 진료실 이야기

20년 전 알았더라면	157
다다익선 : 과유불급 사이	162
건강검진의 잘못된 사용법	168
변화 없음	172
'환자'에서 '수진자'로, 작은 단어의 큰 변화	176
항문 진료실 풍경	182
똥을 잘 싸는 것의 축복	186
선발 투수와 마무리 투수의 차이점	190
뷰티플랜딩-아름다운 착륙	194

V 의사라는 직업은…

100%는 존재하지 않는다	203
등잔 밑이 어둡다	207
감정의 온도조절이 필요하다.	211
딴 짓을 할 수 있다.	215
내향인이 인싸가 될 수 있다.	219
삶과 죽음의 경계에서 균형을 잡다	222
육체를 치료하고, 마음도 치유할 수 있기를 소망한다.	226
마지막을 함께 할 수 있어 감사하다	231
의사라는 직업의 무게	235

Ⅱ

외과 수술장의 소소한 이야기

2시간의 교향곡

수술이 성공적으로 진행되기 위해서는 수술실 안에 있는 10여명의 의료진이 서로 물 흐르듯 호흡을 맞추는 것이 무엇보다 중요하다.

수술 중 집도의는 소독 간호사에게 필요한 도구를 요청한다.

"15번 메스 (수술용 칼날 15번을 달라)"

"5호 타이 (tie, 5호 실을 달라)"

간호사는 이를 즉각 준비해 전달한다. 제1보조의, 제2보조의, 제3보조의는 각각 상황에 따라 유연하게 움직인다.

"실 묶기", "썩션 (suction, 액체 흡인)", "기구를 당기기", "흘러내리는 장과 지방을 막기"

말로 설명하면 복잡해 보이지만, 실제로 잘 맞춰진 팀은 마치 한

몸처럼 움직인다.

집도의가 가장 편안하게 수술에 집중할 수 있는 환경이 있다. 그것은 말을 하기 전에 다음 단계에 필요한 도구들이 바로 옆에 준비되어 있고, 보조의들이 미리 조치를 취하는 경우다. 수술 중 집도의의 시선은 오로지 수술 부위에 고정되어 있고, 손만 내밀어도 정확한 도구가 전달되어야 한다. 도구는 올바른 각도와 적절한 힘으로 전달되어야 효과적으로 사용될 수 있다. 이는 마치 피아니스트가 건반을 향해 손을 뻗었을 때, 정확한 건반이 그 손가락 아래 있어야 하는 것과 같다.

예를 들어, 집도의가 실을 묶는 과정인 "타이 (tie)"를 마치기 직전에 보조의가 미리 "가위"를 준비해 대기하고 있다가, 타이가 끝나자마자 정확한 타이밍에 실을 자른다면, 수술은 흐름이 끊기지 않고 매끄럽게 이어진다.

이러한 완벽한 흐름을 위해서는 보조의와 간호사들이 수술의 전 과정을 완벽하게 숙지하고 있어야 한다. 집도의마다 고유한 수술 스타일과 순서가 있으며, 수술 부위에 따라 사용하는 도구와 재료도 달라진다. 어떤 상황에서는 "15번 메스 (작은 크기와 섬세한 절개 작업을 위한 수술용 칼날)"가 필요하고, 다른 순간에는 "3호 타이 (3-0 tie, 중간 크기 이상의 혈관이나 조직을 묶는 데 사용)"나 "메젠바움 시저 (Metzenbaum Scissors, 수술용 가위로, 주로 섬세한 조직 절단)"가 필수적일 수 있다. 심지어 수술용 바늘만 해도 그 종류와 크기가 다양하다. 이런 모든 세부사항을 이해하고 준비할 수 있는 팀워크가 필수다.

내가 전공의 1년차 이던 시절, 운이 좋게도 참관한 수술이 있었다. 당시 시니어 외과 교수님, 당시 가장 우수한 4년차 전공의로 인정받던 제1보조의, 그리고 가장 성실하다고 알려져 있는 제2, 제3 보조의가 한 팀을 이루어 진행하는 수술이었다. 마침 소독 간호사는 해당 외과 교수님과 10년 이상을 손발을 함께 맞춰 온 베테랑이었다.

종합병원에서는 의료진이 워낙 많기 때문에 환자와 담당 집도의는 정해져 있지만, 당일 수술에 참여하는 보조의와 간호사는 매번 바뀔 수가 있다. 따라서 오랜 기간 함께 수술을 해 온 팀이 구성되는 날도 있고, 아닌 경우도 있다. 그날은 완벽한 팀이 모인 날이었다.

당일 내가 참여하기로 되어 있던 수술들이 일찍 끝나서, 존경하는 교수님의 수술을 배워보고 싶었다. 수술 시작부터 수술 침대 뒤편에서 발판을 놓고 그 위에 올라가 집중하여 관찰했다. 처음에는 단순히 배움의 자세로 시작했지만, 점차 그 수술의 흐름에 빠져들기 시작했다.

그날의 수술 경험을 잊을 수가 없다.

잔잔하게 클래식이 처음부터 끝까지 틀어져 있었다. 바흐의 골드베르크 변주곡이었을까, 아니면 모차르트의 어느 협주곡이었을까. 정확한 곡은 기억나지 않지만, 그 선율이 수술실 공기와 어우러졌다. 수술은 "마취과 선생님, 수술 시작하겠습니다"라는 집도의의 고요한 선언으로 시작되었고, "마취과 선생님, 환자 깨워주세요"라는 말로 끝났다. 그 사이, 단 한번도 수술의 흐름이 끊기지 않았고, 집도의가 무언가를 요구하는 소리도 들리지 않았다.

필요한 도구와 재료는 집도의의 손에 바로 준비되었고, 보조의들은 앞선 과정이 끝나기 전에 이미 다음 과정을 준비하고 있었다. 수술도 일종의 리듬을 타서 진행하는 것이 중요한데, 그날은 수술 과정에 한 번의 끊김도 없었다. 마치 수면 위에 돛단배가 잔잔한 바람을 타고 미끄러져 가서 목적지에 도착하듯 진행되었다.

수술이 끝났을 때, 수술 과정이 정말 아름다웠다는 생각이 들었다. 이미 다 알고 있는 고전소설인데 그 소설이 눈앞에서 기대에 맞게 모든 소설의 내용대로 영화로 구현되었을 때의 희열과도 같았다.

외과 수술은 창조성을 철저히 배제하는 예술 작품이라는 생각을 항상 한다. 이 말은 모순처럼 들릴 수 있다. 예술은 창조적이어야 하지 않나? 그러나 외과 수술은 창조적으로 하면 안 된다. 정해진 순서대로 한 치의 오차도 없이 반복되어야 한다. 그럼에도 그 순서대로 따라가는 과정에는 수많은 요소들이 미묘한 변화를 가져오게 된다.

　아직까지 그날 보았던 아름다운 수술을 잊을 수가 없다. 그때의 클래식 음악, 조용한 수술실, 그리고 무엇보다 모든 의료진의 완벽한 호흡. 그것은 단순한 의료 행위가 아니라 하나의 교향곡이었다. 각 악기가 자신의 파트를 완벽하게 연주하면서도 전체의 조화를 이루는, 2시간짜리 교향곡.

수술장 음악이야기

　수술방에는 특유의 긴장감이 흐른다. 생명을 다루는 공간이니 당연한 일이다. 금속 기구들이 내는 소리, 모니터에서 울리는 규칙적인 신호음, 의료진들의 간결한 대화. 그 모든 것이 어우러져 공간을 채운다. 하지만 이런 긴장된 분위기를 몇 시간씩 유지하는 것은 생각보다 쉽지 않다. 그래서 수술방에는 음악이 필요하다.
　사람들은 종종 묻는다. "의사들이 수술하면서 음악을 들어도 괜찮나요?" 마치 음악이 집중력을 흐트러뜨릴 것처럼 걱정하는 목소리다. 하지만 수술방의 음악은 정반대의 역할을 한다. 그것은 의사에게 백색소음이 되어준다. 요즘 공부하는 학생들이 카페에서 시끄러운 소리를 들으며 집중하는 것과 같은 원리이다. 적절한 음악은 의료진의 긴장을 풀어주고, 오히려 더 나은 집중력을 가져다준다. 몇 시간씩 이어지는 수술 시간 동안 음악은 그 긴장의 균형을 맞추는 역할을 한다.

보통 수술방 음악 재생은 수술방 담당 간호사의 몫이다. 노련한 간호사는 당일 집도의가 선호하는 음악을 미리 준비해둔다. 좋아하는 음악을 들으며 수술하는 집도의는 기분이 좋아지고, 수술의 흐름도 자연스레 부드러워진다. 그리고 수술이 원활하게 진행되면 환자에게도, 의료진 모두에게도 좋은 일이다.

집도의마다 음악 취향은 천차만별이다. 라흐마니노프의 피아노 협주곡을 들으며 수술을 하는 집도의가 있는가 하면, 최신 유행하는 아이돌의 히트곡을 들으며 수술을 하는 의사도 있었다. 어떤 교수는 힙합 노래를 즐겨 듣는데, 그의 나이를 생각하면 다소 의외인 취향이다. 하지만 수술방에서는 그런 것이 중요하지 않다. 오직 그 음악이 의사의 손끝에 어떤 영향을 미치는지가 중요할 뿐이다.

인턴 시절, 마취과에서 순환 근무를 할 때의 이야기이다. 안과 수술방에서 마취과 인턴으로 근무했는데, 그곳은 내게 일종의 시련과도 같은 공간이었다. 안과 수술은 작은 눈이라는 장기에서 이뤄지는 세밀한 작업이기 때문에 수술방은 매우 조용했다. 마취 중임을 알리는 인공호흡기의 규칙적인 소리와 심전도 모니터에서 울리는 맥박 소리 외에는 아무것도 들리지 않았다. 그런 공간에서 기침 한 번 하는 것도 주저하게 된다.

당시 그 방의 집도의와 담당 간호사는 잔잔한 클래식을 무척 좋아했다. 안과 수술은 현미경을 통해 진행되기 때문에 수술방의 불을 모두 끄고 현미경 빛만으로 수술을 진행한다. 고요한 수술방에 맥박 소리가 "뚜뚜뚜"라고 규칙적으로 울리는 가운데, 바흐의 'G선상의 아리아'가 흘러나오면 그것은 마치 최면과도 같았다.

클래식 음악은 좋아하지도 않고, 어두운 공간에서 반복되는 모니터상의 숫자만을 바라보고 있는 나에게 그 환경은 너무나 가혹했다. 그런 인턴의 인내심을 마지막 벼랑 끝까지 밀어붙이는 잔잔한 클래식 음악은 인간의 한계를 시험하는 듯 했다. 나에게 그 당시 수술방의 시각과 청각적인 도전은 참기가 어려웠다. 다행히도 안과 수술은 30분 이내로 끝나는 경우가 많았다. 벼랑에서 한 발자국 남았다 싶을 때 환자를 마취에서 깨워야 하는 상황이 되곤 했고, 그 덕분에 나도, 환자도 무사히 수술방을 나올 수 있었다.

전공의 시절에 클래식 음악에 조예가 깊은 교수님이 계셨다. 교수님은 수술 중 틀어 놓은 클래식 음악을 들으며 갑자기 질문을 던지시곤 했다.

"자네는 지금 나오는 교향곡이 누가 작곡한 것인지 아는가?"

클래식 문외한이었던 내게는 당혹스러운 순간이었다. 너무 창피하여 아예 시간을 내서 클래식 음악을 공부해야 할지 고민하기도 했다. 하지만 전공의 생활은 워낙 바빠서 음악을 공부할 그런 사치스러운 시간은 없었다.

　당시 외과에 매우 저명하신 교수님이 계셨는데, 그분과 관련된 일화가 있었다. 교수님은 어느 중견가수의 노래를 무척 좋아하셨다. 그래서 유능한 제1보조의는 어려운 수술을 앞두고 있을 때, 미리 수술방 담당 간호사에게 눈짓을 보내 그 중견가수의 노래를 틀어달라고 부탁하곤 했다. 신기하게도 수술방 분위기가 안 좋을 때 그 가수의 노래가 흘러나오면, 교수님의 기분이 좋아지고 수술도 더 매끄럽게 진행되었다.

　하지만 교수님께서 직접 "순환 간호사, 음악 좀 틀어주세요"라고 말씀하실 때는 전혀 다른 상황이었다. 그것은 일종의 경고 신호였다. 인턴이나 1년 차 전공의가 집중을 안하고 있거나, 정신을 못 차리고 있을 때, 교수님은 화를 꾹꾹 참다가 결국 그 한마디를 던지신 것이다. 그리고 만약 그 불쌍한 전공의가 음악에 취해 더욱 정신줄을 놓아버린다면, 끔찍한 결말이 기다리고 있었다. 그래서 "음악 좀 틀어주세요"라는 말이 들리면 모든 전공의들은 무조건 정신을 바짝 차려야 했다.

　수술방의 음악은 단순한 배경음이 아니다. 그것은 수술의 흐름을 결정짓는 중요한 요소가 된다. 어떤 음악이 흐르느냐에 따라 수술방의 긴장감, 집중도, 심지어 수술의 진행에도 도움이 될 수 있다. 물론 집도의들이 이런 영향에 크게 좌우되지 않지만, 미묘한 차이는 분명히 있다.

 나는 야구를 좋아한다. 야구를 볼 때마다 가장 부러운 것이 타자가 등장할 때 나오는 응원가이다. 수만 명의 관중 앞에서 자신만을 위해 울려 퍼지는 음악을 들으며 타석에 들어서는 기분이란 얼마나 짜릿할까. 나에게 수술방 음악은 그런 것이었다. 언젠가 내가 교수가 되어 집도의가 되면 수술방에서 틀고 싶은 음악을 미리 정해두었다. 그것은 나의 작은 버킷리스트 중 하나였다.

 하지만 인생은 나의 계획대로 흘러가지 않는다. 외과 의사로서 수술방에서 나만의 음악을 틀어달라고 당당히 요청할 수 있는 위치에 오르기 전에, 나는 건강검진 센터로 진로를 바꾸게 되었다. 그래서 그 소박한 소원을 이룰 기회는 사라졌다. 지금도 마음에 드는 음악을 들을 때면 문득 생각한다.

 '이 음악, 수술방에서 틀면 수술이 아주 잘 될 텐데...'

 수술방의 음악은 의료와 예술의 특별한 만남이다. 생명을 다루는 가장 중요한 순간에도 우리는 음악이라는 예술을 통해 더 나은 결과를 얻고자 한다. 음악은 단순한 즐거움이 아니라, 우리가 최선을 다할 수 있게 도와주는 또 하나의 도구인 셈이다.

본능을 거슬러

　수술장에서 집도의나 제1조수로 수술에 참여하는 의사들은 수술 시간이 아무리 길어도 수술 내내 극도의 긴장감을 잃지 않고 수술에 참여하게 된다. 반면 제2, 제3 보조의의 경우 수술 부위가 잘 보이지도 않고, 하는 일이라고는 계속 서서 기구를 당기고 있는 것밖에 없다. 전공의 1년차 시절, 수술대에서 특별히 하는 일도 없는데, 제2, 제3 보조의까지 수술에 참여를 시키는 이유가 무엇인지 의문을 가진 적이 있다. 딱히 없어도 될 것 같은 인력이라고 생각이 들었기 때문이다. 당시 선배들이 들려주었던 이야기는 "대학병원 전공의 교육은 책으로 보는 것보다 현장에서 직접 몸으로 느껴서 배우는 것이 크기 때문에 (1만 시간의 법칙과 같이) 수술장에서 버티고 있는 것이 결국은 다 그 전공의의 실력이 되는 것이다."라는 명분을 들은 적이 있다. 물론 당시에는 그다지 와 닿지 않은 설명이었다.

　수술대 위에서 기구를 당기고 있기만 하고, 수술부위가 잘 보이지도 않은 위치에서 몇시간에 서있는 상황에, 설상가상 밤새 응급수술을 하고 난 다음 날의 수술인 경우 간혹 제2, 제3 보조의들은 수술 중 정신을 집중하지 못하고 졸음이 오는 경우가 있다.

　밤새 2-3시간 밖에 자지 못하고, 수술장에 들어와 4시간째 반복적인 기계음이 백색소음과 같이 귀에 들려오는 상황을 상상해보라. 졸음이라는 것이 강력하게 공격을 해오는 순간이다. 그 순간 인간적 본능과 의사로서의 직업의식이 서로 싸운다. "여기서 조는 것은 말도 안된다. 여기서 졸면 끝장이다." 라는 절박감 속에 버텨보지만 간혹 이성을 뛰어넘어 본능이 승리하는 경우가 있다.

　서서 졸아 본 적이 있는가? 보통 존다는 것은 머리의 무게를 이기지 못하고 고개를 철퍼덕 떨구게 된다. 그 순간 정도는 어떻게 해서든 버틸만하다. 교수님께 걸릴 정도는 아니다. 그런데 서서 졸게 되면 내 몸을 지탱하고 있는 무릎이 순간적으로 나의 몸무게를 이기지 못하고 꺾이는 경우가 있다. 그런 경우 수술 침대에 나의 움직임이 조금의 진동을 일으키게 되고, 순식간에 집도의에게 들키게 된다.

　집도의의 성향에 따라서 다르기는 한데, 어떤 교수님은 옆에 전공의나 인턴이 아슬아슬해 보이는 경우 순환간호사에게 경쾌한 음악을 틀어달라고 하는 경우도 있고, 어떤 제1보조의는 그것을 보고 분위기를 바꾸어 보기 위해 요즘 가장 주목을 받고 있는 잡다한 소식들에 대한 이야기를 꺼내 보기도 한다. 하지만 이러한 노력들에도 불구하고 본능을 거스를 수 없는 상황들이 온다.

이렇게 제2, 제3 보조의에게 일생일대 최대의 위급한 상황이 생기게 되면 그들은 수술장에 있는 순환간호사에게 세상에서 가장 불쌍하고 슬프면서 피곤한 눈빛을 보낸다. 그러면 경험이 많은 눈치가 빠른 간호사는 아무도 모르게 제2, 제3보조의의 발 밑에 꽝꽝 얼은 아이스팩을 슬며시 갔다 준다. 또는 수술가운 목덜미 안쪽으로 얼음조각 몇 개를 넣어 주기도 한다. 그러면 그 차가운 얼음 조각이 머리끝부터 발끝까지 모든 세포를 자극하여 정신이 번쩍 나게 된다.

나의 경우 수술 중에는 졸린 적이 거의 없었다. 그냥 체질인가 보다. 그런데 한 번 졸음이 밀려왔던 기억이 있다. 신장이식 파트에 전공의 트레이닝을 받고 있을 때였다. 전날 저녁 8시에 뇌사 상태에 빠져서 신장을 기증하는 장기기증자가 있다는 연락을 받게 되었다. 그리고 한 쌍을 이루는 신장 2개를 모두 우리 병원에서 이식하기로 했다. 즉, 밤에 응급으로 2명의 말기 신부전 환자에게 신장이식수술을 하게 된 것이다.

보통 신장이식수술은 3-4시간이 걸리는데, 수술전에 준비하는 데도 꽤 많은 시간이 필요했다. 자정까지 수술을 준비하느냐 동분서주하고, 이어 자정부터 새벽까지 신장이식수술 2건에 제2보조의로 참여하고, 연이어 오전에 예정되었던 정규 수술에 들어가게 되었다. 한숨도 자지 못하고 바로 오전 8시부터 첫 번째 신장이식수술(자정부터 셈을 하면 3번째 수술)을 들어가게 되었고, 연이어 두 번째 신장이식수술(자정부터 셈을 하면 4번째 수술)을 들어가게 되었다.

전날 자정부터 당일 오후 1시까지 3개 신장이식수술을 참여하고, 연이어 네 번째 신장이식 수술에 참여하게 되니 나의 영혼과 육체는 거의 소멸해 가는 듯했다. 시간은 지나고 있었지만 내 정신은 시간의 흐름을 따라잡지 못했다. 누군가 말을 걸면 그제서야 현실을 인식하고 대답하는 식이었다.

하지만 놀라운 것은 집도의 교수님께서도 나와 동일한 수술에 네 번째 참여하고 계신 것이었는데, 전혀 지친 기색이 없이 수술을 열정적으로 진행하고 계셨다. 그 모습을 보며 '저런 상태가 되려면 얼마나 많은 훈련과 시간이 필요할까'라는 생각과 함께 내 미래의 모습도 저렇지 않을까 하는 희미한 희망을 품었다.

나의 의지와 본능의 모든 힘을 끌어모아 간신히 4번째 수술의 시작까지 정신을 붙들고 있다가 결국은 중반 쯤에 잠시 집중력이 떨어지기 시작했다. 제2보조의가 수술장에서 하는 것은 대단한 역할은 없고, 그저 기구를 당기고 있는 것 정도이기는 하지만 그래도 그런 모습은 크게 혼날 일이었다.

하지만 교수님께서 응급수술부터 정규수술까지 10시간 이상 수술방에 있는 나를 보고 가엽게 여겨주시고는 "누가 최선생 자리를 좀 바꿔줘라. 어제 밤부터 많이 힘들겠다." 라고 말씀을 주셨다. 너무나 놀라 정신이 번쩍 들었고, 감사하게도 잠시 나와 쉬면서 정신을 차릴 수 있었다. 그 때 교수님께서 어린 전공의를 혼내지 않으시고, 그렇게 따뜻하게 이야기해 주신 것이 지금까지 감사하다.

이제는 내가 주도적으로 진료를 보거나 검사를 하거나 치료를 하는 위치에 있다 보니 졸게 되는 경우는 없다. 그것이 집도의, 담당의사, 주치의라는 자리가 주는 책임감의 힘일 것이다. 가끔 어린 전공의들이 눈을 비비고 있는 모습을 볼 때마다, 그날 밤 그 교수님의 말씀이 떠오른다.

오늘도 지금 현재도 수많은 어린 의사들이 다시 한번 본능을 거슬러 수술실로 향한다.

의사 성인식

모든 통과의례에는 특별한 순간이 있다. 성인식, 입학식, 졸업식.

외과 전공의에게도 그런 순간이 있다. 바로 생애 처음으로 집도하는 충수돌기염 수술이다. 맹장염이라 잘못 알려졌지만, 실제로는 맹장 끝에 붙어있는 충수돌기에 염증이 생겨 제거하는 수술이다.

외과 수술 중에서는 비교적 간단한 축에 속하지만, 외과 수술의 기본 술기들이 모두 집약되어 있어 일종의 시금석 역할을 한다. 그래서인지 1년차 전공의들은 자신에게 이 수술을 집도할 기회가 언제 올지 은근히 기대하고, "1년차가 지나가기 전에 꼭 해봐야 하는데"라는 생각에 초조해한다. 하지만 실제로 그 기회를 얻기까지는 긴 시간이 필요하다.

우선 선배 의사들의 수술을 여러 번 보조하면서 과정을 눈으로 익힌다. 단순히 기계적으로 따라하는 것이 아니라, 각 단계에서 어떤 기구를 사용해야 하는지, 왜 그런 조작을 해야 하는지, 어떤 실수가 수술 결과에 안 좋은 영향을 미칠 수 있는지 등 수술의 질적인 부분까지 이해해야 한다.

눈으로 익히는 과정이 끝나도 실제 수술에 참여하기 위해서는 또 하나의 관문이 기다리고 있다. '구두 충수돌기절제술(Oral appendectomy)'이라 부르는 과정이다. 충수돌기 수술의 전 과정을 처음부터 끝까지 말로 설명해내는 일이다. 요즘은 대부분 복강경으로 수술하지만, 내가 전공의 훈련을 받을 당시에는 거의 모든 충수돌기절제술이 개복수술이었다.

"우선 절개 부위를 결정합니다. 절개를 넣을 부분은 우하복부 맥버니 포인트입니다. 이곳에 00번 메스를 이용하여 00도 방향으로 약 00cm 절개를 합니다. 절개는 피부까지 하고, 이후에 피하지방이 나오면 00을 이용하여 피하지방을 밀어내고, 00을 이용하여 근막을 잡고, 00번 메스를 이용하여 근막을 절개합니다..." 여기까지 했지만 아직 배가 열리지 않았다.

이렇게 시작하는 설명은 복강 안으로 들어가 충수돌기를 찾고, 혈관을 묶고, 충수돌기를 제거한 후 복강을 닫는 과정까지 이어진다. 지금 생각하면 몸에 배어 있는 수술 과정이라 어떤 순서에 어떤 기구를 사용해야 하는지 본능적으로 몸이 움직이지만, 당시에는 수십 가지 도구들과 실 종류를 가지고 모든 과정을 입으로 설명하는 일이 결코 쉽지 않았다. 하지만 선배들 앞에서 이 구두 충수돌기절제술을 완벽하게 끝내야만 실제 수술 집도에 참여할 자격이 주어진다.

물론 수술 집도에 참여한다고 해서 끝까지 수술을 마무리할 수 있는 것은 아니다. 개복 충수돌기 절제술은 피부 절개를 3-5cm 정도로 매우 작게 넣기 때문에, 그 작은 입구로 안쪽에 있는 충수돌기를 찾는 일이 초보자에게는 쉽지 않다. 피부절개가 완료되어도 5-10분 안에 충수돌기를 찾지 못하면 그 자리에서 '강판'당하고 선배 의사가 수술을 이어받게 된다.

사실 1년차 전공의가 수술을 집도한다고 해도, 모든 과정은 능숙한 선배 의사의 감독 하에 이루어진다. 실상은 조금의 오차도 용납되지 않는 환경에서 선배 의사가 엄격하게 수술을 보조하고 있는 것이다.

전문의가 되고 나면 충수돌기 수술은 매우 기초적인 수술로 여겨지지만, 전공의 시절에는 그것이 큰 산처럼 느껴졌다. 그 산을 넘은 날의 기쁨은 온 세상을 다 가진 것 같은 성취감으로 다가왔다. "내가 드디어 외과의사가 되었구나!"

그런데 시간이 흘러 내가 선배 의사가 되어 후배 의사의 첫 충수돌기 수술을 곁에서 지켜볼 때의 관점은 후배 의사와 사뭇 상반된다. 내가 직접 하면 30분이면 끝나는 수술을 옆에서 보조하며 지켜보는 것이 훨씬 더 힘들다는 사실이다. 마치 자녀가 처음 운전면허를 따고 운전 연습을 할 때, 옆자리에 앉아 안절부절 못하는 부모의 심정과 비슷하다. 자신은 쉽게 할 수 있는 일을 미숙한 다른 사람이 더듬더듬 해내는 모습을 인내심 있게 지켜보는 것이 생각보다 어려운 일이다.

하지만 선배 의사들은 그 모든 과정을 기다려준다. 자신이 선배 의사가 되기까지 수많은 선배들이 자신을 기다려주었음을 알기 때문이다. 그리고 그 기다림은 단순한 인내가 아니라 의술의 전수 과정에서 필수적인 부분이다. 그렇게 수술실 안에서 이어지는 가르침과 배움의 과정이 의학의 역사를 이어온 것이다.

아마도 그런 공통의 경험 때문일 것이다. 외과의사들은 50세가 거의 다 되어서도 서로를 '형'이라 부르고, "길동아"라고 이름을 부르는 친근감을 유지한다. 같은 산을 오른 등반가들이 서로에게 느끼는 동료애와 비슷한 감정이다.

수술장 잡담

 외과 수술장에서의 잡담은 단순한 수다가 아니라 일종의 의식이다. 병원이라는 공간 안에서 우리만의 영토를 구축하는 방식이기도 하고, 수술이라는 무거운 짐을 잠시 내려놓는 시간이기도 하다.
 모두 각자의 직업이 가장 스트레스가 많고 힘들다고들 한다. 의사라는 직업 또한 굉장한 스트레스를 동반하는 직업이다. 매번 같은 질병을 똑같이 치료를 하는 것인데 무슨 스트레스가 있을까 싶기도 하겠지만, 세상에 똑같은 환자는 한 명도 없고, 치료의 결과가 100% 예측되는 환자도 결코 있을 수 없다.
 대장암 수술을 하는 경우에도 배를 열어 수술을 시작하기 전까지는 대장의 길이가 어느 정도이고, 그래서 장을 자르고 이어 붙이기에 적당한지, 암이 큰 혈관이나 주변 장기와 붙어있지는 않은지 등은 수술을 하는 순간까지 정확하게 알 수가 없다. 그래서 외과의사는 환자의 배를 열어 수술을 시작하는 순간부터 끊임없는 의사결정에 놓이게 된다. 혈관을 이곳에서 잘라야 하나, 장을 이 정도쯤에서 잘라내면 되나 등의 여러 가지 결정이다.

예측하지 않은 곳에서 갑자기 피가 나서 출혈량이 순식간에 증가하기도 하고, 장벽이 약해서 봉합해 놓은 부분이 터지기도 한다. 이러한 예측되지 않은 순간들은 수술을 한 지 오래되었건, 얼마 안 되었건 경력을 따지지도 않는다. 10년 차 외과의사든 30년 차 외과의사든 수술대 위에서는 모두 같은 긴장감을 안고 있다.

이러한 이유들로 인해 가벼운 마음으로 수술에 들어갔다가 뜻밖에 수술 중에 어려운 상황이 펼쳐져서 극도의 긴장된 상황에서 장시간 수술을 하게 되는 경우도 있다. 그래서 아무리 간단한 수술이라고 할지라도 모든 수술은 긴장을 동반한다.

그래서 외과의사들은 말이 많다. 개인의 성향에 따라 다를 수 있기는 하지만 대체로 외과의사들은 수다쟁이가 많다. 수술장에서 수술 전후의 시간에 동료들과 계속 잡담을 한다. 잡담을 통해 스트레스를 푸는 것이다. 이것은 우리 사이에서는 일종의 'ventilation'이라고 부른다. 말 그대로 환기다. 숨 막히는 긴장감을 잠시 틔우는 작은 창문 같은 것이다.

수술대 앞에서는 모두가 진지하고 무거운 얼굴로 환자의 생명을 책임지고 있지만, 수술 준비 시간이나 수술과 수술 사이의 짧은 휴식 시간에는 온갖 이야기가 오간다. 잡담의 내용도 대단한 것은 아니다. 주로 본인이 들어갔던 수술에서 이런 일이 있었다. 내 환자에게 이러한 일이 있었다. 어느 전공의가 어떤 사고를 쳐서 교수님께 어떻게 혼났다 등의 내용이다.

누군가 크게 실수를 해서 심하게 낙담해 있을라치면 여러 동료들이 와서 본인들의 실수담을 무용담처럼 늘어놓고, 서로 웃고 떠들면서 이런 식으로 위로를 하게 된다.

이러한 잡담을 많이 하다 보니 대개 외과의사들은 동료들 간 동료의식이 강하다. 수술실이라는 폐쇄된 공간에서 함께 시간을 보내고, 긴장감을 공유하며, 서로의 실수와 성공을 목격하다 보니 일종의 전우애 같은 것이 형성된다.

수술장에서의 잡담은 단순한 시간 때우기가 아니다. 그것은 우리가 인간임을 서로에게 확인시켜주는 의식이다. 메스를 들고 다른 사람의 생명을 다루는 무거운 책임 속에서, 우리도 웃고 울고 두려워하는 평범한 사람임을 기억하게 해주는 시간이다.

수술장의 언어법

　수술복을 입고 수술방에 들어서면, 그곳은 수술방 밖과는 다른 공간이다. 시계는 똑같이 흐르지만 시간이 다르게 느껴지고, 언어도 달라진다. 말이 짧아지고, 명령이 직설적으로 변한다. 수술장 밖 사회의 규범과는 다른 관습을 따르게 된다.

　2002년 월드컵 때의 일화가 생각난다. 히딩크 감독이 막내 선수에게 선배 선수를 부를 때 반말로 이름을 부르라 지시했다는 이야기. 한국의 위계질서와 선배 문화를 느슨하게 만들어 경기장에서의 소통을 원활하게 하기 위한 조치였다고 한다. 당시로선 파격이었다.

　우리는 모두 예의 바른 언어의 중요성을 알고 있다. 언어폭력이 얼마나 사람을 상처 입히는지도 잘 안다. 언어가 폭력이 되어서는 안된다. 하지만 사회적 규범이 인간의 생명이라는 절대가치 앞에서 교과서적으로 적용되기가 어려운 곳이 있다.

환자의 생명이라는 절대가치 앞에 놓였을 때 교과서적인 사회규범에 따라 반드시 예의있고, 바른 언어를 사용하는 것이 우선하게 되는지 고민을 해 보게 되는 곳이 수술장이다.

수술장은 일종의 전장이다. 그곳에서 집도의는 환자의 생명을 책임지는 사령관이다. 제왕적 위치라고 해도 과언이 아니다. 집도의는 수술 현장에서 환자의 생명을 오롯이 책임지고 있고, 수술 결과를 좌우할 수 있는 결정적 위치에 있기 때문에 집도의의 지시에 전적으로 따라야 한다. 수술장에서 집도의의 지시가 제대로 수행되지 않으면 그것은 집도의의 권위에 도전한다거나 집도의의 기분을 상하게 한다는 수준의 차원이 아니라, 환자의 생명에 위해를 가할 수 있기 때문에 수술장 밖 사회규범에서 기대하는 언어 사용법이 수술장 안에서는 다르게 적용된다.

간혹 수술 중에 보조의들이 잘못 보조를 하고 있는 경우가 있다. TV 드라마에선 "홍 선생님, 이렇게 하시면 안 됩니다. 이런 방법은 어떨까요?"라고 상냥하게 조언하는 집도의들이 나온다. 하지만 현실의 수술장에서 이런 모습을 기대한다면 허상이다. 환자의 동맥에서 피가 분수처럼 솟구치는 급박한 상황에서 그런 장황한 대화를 나눌 여유가 어디 있겠는가.

수술장의 언어는 압축되고 간결하다. 묶은 실을 잘라야 할 때 "커트해 주세요"가 아니라 "커트 (cut)" 한마디면 끝이다. "홍길동 선생님"이 아니라 "치프!" 혹은 "홍길동!"이다. 한 번은 이제 막 일을 시작한 인턴이 바깥에 있는 순환 간호사를 불러야 했는데, 집도의가 "써큘레이팅 불러"라고 했더니 문간에서 "써큘레이팅 나이트 차지 간호사 선생님, 00방으로 와주세요"라고 말하는 걸 보고 수술실 전체가 웃음바다가 됐다. 수술장에선 "써큘레이팅, 00방"이면 충분하다. (인턴의 의도는 "밤시간"에 수술장을 "책임"지고 있는 "순환간호사"님, "수술방" 00번으로 "와 주십시오". 이다.)

수술이 난항을 겪을 때면 더 심각해진다. 특히 보조의가 서툴러 수술이 제대로 진행되지 않을 때면 집도의의 입에서 각종 동물 이름이 튀어나온다. "Dog baby", "Pig baby","미련 곰탱이", "닭대가리" 등 개, 돼지, 곰, 닭을 망라한 동물농장이 펼쳐진다. 그래서 힘든 수술을 마친 보조의들은 종종 "오늘은 수술 내내 동물농장이 한가득 펼쳐졌다"고 하소연한다.

전공의가 되어 처음 수술장에 들어갔을 때, "우리 엄마의 귀한 새끼"였던 내가 갑자기 각종 동물의 새끼로 불리는 경험은 충격적이었다. 지금까지의 인생을 반추하게 되고, 내가 무엇을 잘못했는지 깊이 고민하게 된다.

하지만 시간이 지나 돌이켜보면, 그 마늘처럼 매웠던 말들이 결국 나를 곰에서 인간으로, 그것도 더 나은 의사로 성장시켰다는 것을 알게 된다. 단군의 자손답게 말이다. 이제는 다시 "우리 엄마의 귀한 새끼" 신분으로 돌아왔으니 나름 행복하다.

　수술장의 동물농장 쇼케이스가 끝난 후 반드시 지켜야 할 철칙이 있다. 모든 동물의 세계는 수술장 안에 놓고 나와야 한다는 것. 나를 지도하셨던 교수님들도 수술 현장의 급박함 속에서 동물 이름을 부르셨지만, 수술장 밖에서는 당연히 인간으로 대해주셨다. 거친 말들이 개인적 감정으로 이어져선 절대 안 된다는 것, 이것이 수술장 동물농장의 가장 중요한 규칙이다.

　요즘은 언어법에 대한 규정이 점점 엄격해지고 있기 때문에 그러한 사회규범이 점점 수술장 자동문의 문턱을 넘어 들어오고 있는 듯하다. 요즘 전공의들에게는 나의 이런 경험은 "나땐 말이야,,," 정도의 허세로 들릴지도 모르겠다.

수술장 아침커피 : 커피3, 프림3, 설탕3 스푼

내가 근무했던 병원에는 환자들이 입장하는 수술장 정문 외에 의료진이 출입할 수 있는 옆문이 따로 있었다. 이 문은 다실(茶室)로 연결되어 있어서, 이곳을 통과하면 수술장으로 갈 수 있었다. 요즘은 병원이 어떻게 변했는지 모르겠다. 그때의 기억은 15년도 더 된 이야기니까. 아마 지금은 더 좋은 커피 머신이 들어갔을 수도 있고, 구조가 바뀌었을 수도 있다.

다실에 들어서면 콜라, 사이다, 주스 등의 자판기가 벽에 나란히 서 있었고, 그 옆에는 항상 3개의 커다란 통에 각각 담긴 커피, 설탕, 프림이 놓여 있었다. 수술장을 드나드는 누구나 뜨거운 물과 함께 이용할 수 있는 공용 공간이었다.

인턴이나 전공의들에게 아침은 사치였다. 아침 7시 40분까지 수술장에 들어가야 했는데, 그전에 입원 환자의 상처를 소독하고, 상태를 점검하며, 수술 준비를 완료하는 등 새벽부터 할 일이 산더미처럼 쌓여 있기 때문이다. 대부분의 사람들은 아침밥 대신 5분이라도 더 자는 쪽을 선택했다.

그렇다고 아무것도 먹지 않으면 수술장에서 하루 종일의 육체노동을 버티기 어렵다. 누가 처음 시작했는지는 모르겠지만, 대대로 이어져 내려오는 수술장 다실 커피 레시피가 있었다. 자판기에서 나오는 것 같은 작은 종이컵에 커피 3숟가락, 설탕 3숟가락, 프림 3숟가락을 넣고 뜨거운 물을 부어 단숨에 들이키는 것이다.

사실 레시피라고 하기에는 너무 단순하다. 그저 '3:3:3'이었다. 하지만 그 효과는 놀라웠다. 컵 안에서 설탕과 프림이 녹아 어우러진 농밀한 카페인 한 모금은 새벽부터 일하느라 몽롱한 정신을 단번에 깨우고, 설탕과 프림의 단맛은 비어 있는 위장에 오묘한 조화로 에너지를 공급했다.

지금 생각하면 건강에 그렇게 좋지 않을 수가 없다. 커피에 설탕과 프림을 3숟가락씩 더한 조합이 혈당과 콜레스테롤에 미친 영향은 말할 것도 없다. 건강검진센터에서 환자들에게 식단 관리와 건강의 중요성을 강조하는 지금의 나로서는 옛날 그 시절의 커피를 떠올리며 고개를 저을 수밖에 없다. 그래도 당시에는 그 커피가 얼마나 소중했는지 모른다. 그나마 그것이라도 없었다면 어떻게 버텼을까.

요즘은 오전 11시 이후에는 카페인을 입에도 대지 않는다. 밤잠을 설치게 되는 일이 다반사이기 때문이다. 라떼를 주문할 때도 건강을 생각해서 우유 대신 두유나 저지방 우유를 선택하는 게 기본이 됐다. 그렇게 조심하면서도 가끔, 아침부터 일이 산더미처럼 쌓이고 머리가 지끈거릴 때면, 오래된 본능처럼 수술장 다실 커피 스타일로 커피를 준비하게 된다. 커피 3, 프림 3, 설탕 3. 마시면서도 웃음이 난다.

그 커피가 내 새내기 의사 시절의 연료였던 때가 있었다. 커피 한 잔에 담긴 과거의 내 에너지가 마치 시간을 거슬러 50대를 앞둔 나에게도 어떤 힘을 전해줄 것만 같은 기분이 든다.

물론 몸이 반응하는 방식은 그때와는 다르다. 설탕과 프림의 단맛은 이제 다소 부담스럽고, 카페인의 쓴맛은 예전처럼 온몸의 신경을 깨우지는 못한다. 하지만 그 한 모금 속에는 젊은 날의 고단함, 열정, 그리고 그리움 같은 것들이 녹아 있다.

수술장 다실의 커피는 단순히 아침 식사의 대용이 아니었다. 그것은 무거운 하루의 시작에 나를 밀어 올려주던 작은 동력원이자, 새벽의 싸늘한 공기를 따뜻하게 데워주는 위안이었다. 50대를 코

앞에 두고 있는 나에게도, 여전히 그런 커피가 필요한지도 모르겠다.

"수술장 커피 3:3:3".

자나깨나 거즈 카운트 조심

잊을만하면 뉴스에 나오는 보도 중의 하나가 있다. "수술을 하고 퇴원하여 시간이 지났는데 계속 배가 아파서 병원에 가보니 배 안에 거즈나 수술도구가 남아 있었다." 이런 뉴스를 들으면 대부분의 사람들은 고개를 젓는다. 어떻게 그런 실수가 가능한지 이해하지 못한다.

외과 수술 중 복부를 여는 수술을 할 때면 수십 장의 거즈가 사용된다. 하얀색, 다양한 크기의 거즈는 수술 부위의 피를 닦아내고, 출혈을 막거나, 시야를 확보하기 위해, 때로는 장기를 보호하기 위해서 사용된다.

내가 외과의사가 된 후 가장 예민하게 들었던 단어 중 하나는 '거즈 카운트 (Gauze Count)'였다. 이 단어는 수술의 시작과 끝을 알린다.

수술이 시작되기 전, 소독간호사와 순환간호사는 마치 의식을 치르듯 수술대 위에 놓인 거즈의 개수를 함께 센다. "하나, 둘, 셋..." 그들은 눈으로 확인하고 목소리로 숫자를 세어 나간다. 처음에는 이 과정이 과도하게 느껴졌다. 왜 이렇게까지 신경을 써야 하는지 의문이었다.

특히 수술이 마무리되어 환자 배를 닫기 전, 거즈 카운트는 가장 중요한 절차가 된다. 수술 영역으로 들어온 거즈와 사용한 거즈, 사용하지 않고 남은 거즈의 합이 처음에 셈을 하였던 거즈의 개수와 정확히 일치해야만 배를 닫을 수 있다. 이 절차는 어떤 상황에서도 생략할 수 없는 필수적인 확인 과정이다.

"선생님, 거즈 카운트가 맞지 않습니다."

소독간호사의 이 한마디는 수술실 전체에 긴장감을 흐르게 한다. 그 순간 몇 시간의 긴 수술을 마치고 고단한 몸을 이끌고 수술장을 나갈 수 있다는 희망을 갖고 있던 의료진의 얼굴에 탄식이 흐른다. 이제 모든 것이 끝나간다는 희망이 보이는 순간, 거즈 카운트가 맞지 않다니.

그때부터 행방불명된 거즈 찾기가 시작된다. 수술대 아래를 살피고, 수술실 구석구석을 뒤진다. 방포를 들쳐보고, 신고 있는 슬리퍼 밑을 확인하고, 수술 가운에 붙어있는지 점검한다. 때로는 옷음이 나올 정도로 엉뚱한 곳에서 발견되기도 한다. 하지만 가장 두려운 것은 환자의 몸 안에 남아있을 가능성이다. 그래서 우리는 다시 한번 배 안쪽을 꼼꼼히 살핀다.

그럼에도 거즈가 발견되지 않으면 X-ray 촬영기를 호출한다. 수술에 사용되는 모든 거즈에는 방사선 비투과 물질이 삽입되어 X-ray로 찍으면 하얗게 보이는 표식자가 달려 있다. 만약 배 안에 남아 있다면 영상에 나타나게 된다.

수술실에서 오랜 경험을 쌓은 교수님들은 전공의로는 상상하지 못한 곳을 뒤져보게 한다. 놀랍게도 그런 기상천외한 장소에서 거즈가 발견되는 경우가 적지 않다. 소장이 시야를 가려 깊숙이 밀어 넣었던 곳에서, 볼록하게 배가 나온 의사의 가운이 접힌 부분에서, 또는 출혈이 심했던 조직과 뭉쳐 구분하기 어려웠던 곳에서.

수술실에서 의료진은 악착같이 거즈를 센다. 시작할 때, 배를 닫기 전에, 그리고 마지막으로 한 번 더 피부 봉합 완료 후.

간호사들이 거즈를 셀 때면 진지함이 감돈다. "하나, 둘, 셋..." 숫자를 세는 목소리에는 책임감이 묻어난다. 모두 그들의 카운트가 끝날 때까지 조용히 기다린다. 때로는 이 침묵이 불편하게 느껴질 때도 있지만, 이것이 우리가 환자의 안전을 지키는 방법이란 걸 알기에 기꺼이 그 시간을 기다린다.

의학이 발전하면서 수술 기구도 점점 정교해지고 있다. 로봇 수술이 발전되고, 복강경 기술이 보편화해도 여전히 가장 기본적인 것이 가장 중요하다. 거즈 하나, 도구 하나를 꼼꼼히 확인하는 일이 그중 하나다.

살아가다 보면 어떠한 상황 아래에서도 절대로 타협할 수 없는 원칙이나 절차들이 있다. 수술장 안에서는 그것이 거즈 카운트이다. 이런 기본이 지켜질 때 비로소 수술은 종료가 될 수 있다. 그래서 오늘도 수술장에서는 숫자를 세는 소리가 하루 종일 들려온다. 자나깨나 "거즈 카운트"를 조심하면서.

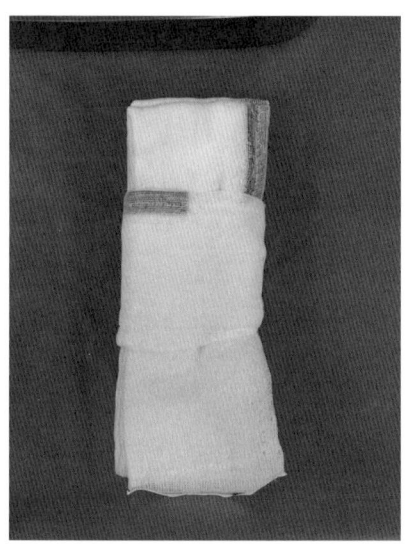

거즈 10장 묶음.
엑스레이 비투과 표식자가 붙어 있다.

야심한 밤 수술장

내가 근무했던 대학병원의 수술장은 여러 개의 로젯(rosette)으로 구분되어 있다. 수술장의 로젯은 그 이름처럼 장미 모양을 닮았다. 중앙에 수술실을 컨트롤하는 공간이 꽃술처럼 자리 잡고, 그 주변으로 네 개에서 여섯 개의 수술실이 장미꽃잎처럼 둥그렇게 배치되어 있다. 대형병원에서는 이런 로젯을 알파벳으로 구분한다. A, B, C... 그리고 내가 주로 수술했던 D로젯.

수술장은 완벽한 폐쇄 공간이다. 창문이 없다. 외부의 빛도, 소리도 차단된다. 이것은 위생을 위한 필수적인 조건이지만, 동시에 수술장만의 독특한 시간성을 만들어낸다. 낮과 밤의 구분이 없는 공간. 하지만 정규 수술이 모두 끝나고 응급 수술도 없는 밤이 되면, 이 공간은 완전히 다른 얼굴을 드러낸다.

그날도 그랬다. 중요한 서류를 D로젯 수술실에 두고 왔다는 사실을 밤 늦게 알았다. 야심한 시각, 서류를 가지러 수술장으로 향했다. 수술장 입구부터 D로젯까지의 거리는 그리 멀지 않다. 낮에는 분주히 오가는 의료진들로 가득 차 있어 순식간에 지나치는 길이지만, 밤에는 다르다.

로젯과 로젯을 연결하는 복도의 조명은 밤에도 켜져 있다. 하얀 벽면과 바닥을 비추는 형광등 불빛은 낮에는 멸균된 청결함을 상징하지만, 밤에는 차갑고 을씨년스러운 느낌을 준다. A, B, C 로젯을 지날 때 그곳에서 진행되었을 수많은 수술들이 머릿속을 스쳐 지나간다.

D로젯에 들어서니 예상대로 보조등 하나만 켜져 있었다. 희미한 불빛 속에서 서류를 두고 온 수술실을 향해 조심스럽게 걸음을 옮겼다. 방 불을 켰을 때, 수술실의 벽면은 온통 하얀색이고, 그곳을 하얗다 못해 파리한 형광등이 비치고 있으며, 어떠한 소리도 들리지 않는 적막한 공간 한가운데 덩그러니 놓인 수술 침대가 보였다.

낮에는 이 침대 위에서 얼마나 많은 드라마가 펼쳐졌을까. 생명을 구하기 위한 필사적인 노력, 때로는 성공하고 때로는 실패하는 의학의 한계, 그리고 그 사이에서 느끼는 인간적인 감정들. 수십 년간 사용된 이 공간에서 수술 중 사망한 환자들도 있었을 것이다. 뇌사 상태에서 타인에게 새 생명을 선물하기 위해 장기를 기증한

숭고한 희생도 있었을 것이다.

이런 생각들이 꼬리에 꼬리를 물고 이어지고 있을 즈음, 갑자기 수술실에서 중환자실로 연결되는 통로에 대한 소문이 떠올랐다. 밤이 되면 이상한 소리가 들린다는… 나는 그런 이야기를 믿지 않는다. 아니, 믿고 싶지 않다. 과학과 이성을 바탕으로 하는 과학자이자 의사로서, 특히 외과의사로서 그런 이야기에 약해질 수는 없다.

그러나 인간은 때로 이성만으로는 설명할 수 없는 감정에 사로잡히기도 한다. 낮에는 수많은 의료진이 북적거리며 살기 위한, 살리기 위한 사투를 벌이는 이 공간이 밤에는 고요와 암흑 속에 잠긴다. 그 대비가 주는 감각적 충격이 무서움을 불러일으키는 것인지도 모른다.

서류를 찾아 가방에 넣고 불을 끄려는 순간, 복도에서 무언가 스치는 소리가 들린 것 같았다. 심장이 빠르게 뛰기 시작했다. '누구세요?' 목소리를 내보았지만 대답은 없었다. 아마도 순회하고 있는 의료진이나 다른 의사가 지나간 것일 테지. 혹은 단순한 건물의 소음일 수도 있다. 하지만 이성적인 설명을 찾으려 해도, 그 순간의 두려움은 쉽게 가시지 않았다.

불을 끄고 서둘러 로젯을 빠져나왔다. A, B, C 로젯을 다시 지나면서 복도의 형광등 불빛이 그렇게 반가울 수가 없었다. 수술장을 빠져나와 병원 로비에 도착했을 때에야 비로소 안도의 한숨을 쉴 수 있었다.

 수술장만큼 정규 시간과 야간의 느낌이 극명하게 다른 공간은 많지 않을 것이다. 낮에는 생명을 다루는 진지한 긴장감과 사명감으로 가득 찬 공간이 밤에는 왠지 모를 하얀색의 어두움이 깔려 있다. 과학과 이성의 최전선에 서 있는 외과의사가 이런 감정을 느끼는 것이 모순적으로 들릴지 모르지만, 나는 두려움을 느끼는 나약한 인간이다.

모든 것이 합력하여 선을 이룬다

　내가 좋아하는 성경구절 중 "하나님을 사랑하는 사람들, 곧 하나님의 뜻대로 부르심을 받은 사람들에게는, 모든 일이 서로 협력해서 선을 이룬다(로마서 8장 28절)"라는 구절이 있다. 신앙의 차원을 넘어, "모든 일이 서로 협력해서 선을 이룬다"라는 표현은 내가 매일 보고 있는 수술실의 풍경을 가장 정확하게 설명한다.
　의과대학 학생 시절, 수술은 집도의의 손끝에서 모든 것이 결정되는 의료 행위처럼 보였다. 텔레비전 드라마에서도 집도의는 천재적인 개인기를 가진 영웅으로 그려진다. 하지만 수술은 결코 집도의 혼자 잘해서 좋은 결과가 나오는 것이 아니다.
　어느 날 간 이식 수술에 참여하였다가 수술실을 나서며 문득 생각했다. "방금 수술에 몇 명이 관여한 거지?" 직접 손을 댄 의료진만 해도 최소 십여 명, 그리고 수술실 밖에서 수술을 준비한 사람들, 수술 스케줄을 조정한 사람들, 환자를 이송한 사람들 등, 얼마나 많은 손길이 필요한지 셀 수 없을 정도였다.

수술실은 오케스트라와 같다. 지휘자 한 명의 능력만으로는 결코 교향곡이 완성되지 않는다. 수많은 악기들이 저마다의 소리를 내면서도 하나의 화음을, 하나의 멜로디를 만들어낼 때 비로소 음악이 된다. 수술실도 마찬가지다.

물론 수술의 중심에는 집도의가 있다. 집도의는 한 생명의 경계를 조율하는 일이기에, 가장 무거운 책임감이 따른다.

제1 보조의는 수술 부위가 잘 보이도록 시야를 확보하고, 봉합을 돕고, 집도의가 더욱 집중할 수 있도록 수술장의 분위기까지 조절한다. 수술대 앞에서 가장 외로울 집도의에게 가장 큰 지지자가 되어야 한다.

제2, 제3 보조의들은 기구를 붙들고 수술 부위가 더 잘 보이도록 당기고 버텨준다. 그들의 팔은 때로 몇 시간이고 같은 자세로 고정되어 있어야 한다.

환자를 덮고 있는 수술 가림막 너머로는 마취과 의료진이 있다. 수술이 아무리 성공적으로 진행되고 있더라도, 환자의 마취 상태가 적절히 유지되지 않는다면 모든 과정은 위태로워진다. 마취과 의료진 덕분에 집도의는 오롯이 수술대 위의 수술부위에만 집중하여 집도를 할 수가 있다.

수술실 간호사들의 역할은 더 말할 나위가 없다. 소독 간호사는 마치 집도의의 생각을 읽는 것처럼 움직인다. 의료진이 손을 뻗기도 전에, 필요한 기구를 정확하게 건넨다. 순환 간호사는 수술대의 안과 밖을 연결하는 다리가 된다.

이 외에도 다양한 분들이 환자를 수술대로 이동시키고, 수술 후 깨끗이 환경을 정리하며, 보이지 않는 곳에서 묵묵히 일한다.

그러나 이 모든 과정에서 가장 중요한 존재는 바로 환자 자신이다. 그의 몸이 수술의 중심에 있고, 그의 회복을 위해 모든 손길이 움직인다. 그리고 수술실 밖에서는 환자의 가족들이 간절한 마음으로 기다리고 있다. 그들의 기다림과 믿음도 치유의 과정에서 중요한 부분이다.

수술실에서는 매일 작은 기적이 일어난다. 서로 다른 직종의 업무를 가진 사람들이 한 명의 생명을 위해 최선을 다해 협력하는 순간, 그것이 바로 기적이다.

"모든 일이 서로 협력해서 선을 이룬다." 이 문장은 내게 삶의 진리로 다가온다. 수술실이라는 작은 우주 안에서, 우리는 각자의 역할을 맡아 하나의 목표를 향해 움직인다. 그리고 그 움직임이 모여 한 생명을 살리는 선한 결과를 만들어낸다.

헬렌 켈러는 이렇게 말했다. "우리가 혼자서 해낼 수 있는 것은 정말 적다. 그러나 우리가 함께 해낼 수 있는 것은 정말로 많다 (Alone we can do so little, together we can do so much)." 수술실의 모든 순간은 이 진리를 증명한다. 작은 손길들이 모여 한 생명을 살리는 기적은, 결국 우리 모두가 서로 연결되어 있음을 보여주는 증거다. 그리고 그 연결 속에서 비로소 진정한 치유가 일어난다.

II

의사로 살아가는 이야기

눈물 젖은 김밥의 추억

 독일의 철학자이자 시인이었던 괴테는 '눈물 젖은 빵을 먹어보지 않은 사람은 인생의 참다운 의미를 모른다'라는 말을 남겼다. 이 구절은 단순한 미사여구가 아니라 인생의 본질에 관한 통찰이다. 괴테가 말한 '눈물 젖은 빵'은 고난과 역경을 상징한다. 슬픔과 아픔이 우리를 성장시키고 깊이 있는 삶의 이해로 이끈다는 것이다.

 사람마다 눈물의 양과 농도, 횟수는 다르다. 그렇지만 누구에게나 어떤 특정 음식에 얽힌 눈물의 기억이 있을 것이다. 나에게는 그것이 병원 매점의 돌돌말이 김밥이었다.

 외과 전공의 시절에는 1, 2, 3, 4년차가 한 팀이 되어 한 달을 함께 보낸다. 점심은 수술장에서 해결하고, 저녁은 다 같이 식당에 가거나 음식을 배달시켜 먹는다. 그렇게 끼니는 자연스레 해결된다. 그런데 전임의, 일명 '펠로우'는 하나의 팀으로 활동하지는 않는다. 그래서 나와 같은 시간에 식사를 함께할 사람을 찾기가 어렵다. 그렇다고 누군가와 약속을 잡고 밥을 먹으러 가는 것도 시간이 허락하지 않는다. 시간을 맞출 수가 없다.

그래서 나의 전임의 시절 주식은 병원 매점의 김밥이었다. 일반적인 김밥의 모양이 아니라 엄지손가락만 한 크기의 돌돌 말려있는 '돌돌말이 김밥'. 특별한 내용물이 있는 것도 아니었다. 단무지, 당근, 시금치가 안에 들어 있고, 한 팩에 20조각 정도가 들어 있었다. 김밥에는 참기름이 충분히 발라져 있고 깨가 뿌려져 있었다. 다른 곳에서는 본 적 없는, 우리 병원만의 김밥은 당시 나의 소울 푸드였다.

원래 김밥을 좋아하는 편은 아니었다. 그런데 병원의 김밥은 그 당시 그렇게 맛있었다. 하루 종일 한 끼도 먹지 못하고, 저녁 늦게 수술이 끝나면 매점으로 달려가 몇 개 남지 않은 김밥을 소중히 안고 내 업무실로 돌아왔다. 포장을 뜯는 순간 코를 자극하는 참기름의 고소한 냄새가 하루 종일 굶주려 거의 마비 상태에 있던 나의 미각을 순식간에 깨웠다.

김밥을 한 입 베어 무는 순간 하루의 피로가 사라졌다. 그리고 아직 19개의 조각이 남아 있다는 사실이 나를 행복하게 했다. 그 행복을 19번 더 느낄 수 있다니.

돌돌말이 김밥이 맛있다 보니 빨리 팔려나가는 편이었다. 그래서 밤늦게 수술이 끝날 것 같을 때는 미리 가서 사두기도 했다. 하루는 너무 바빠서 챙겨놓을 시간이 없었다. 밤 10시쯤 수술이 끝나고, 그제서야 하루 종일 아무것도 먹지 못했다는 것을 깨달았다. 혹시나 하는 마음에 매점으로 향했다. 매대를 쳐다보았는데 나의 돌돌말이 김밥은 한 개도 남아 있지 않았다. 아쉬운 마음에 다른 김밥이라도 있는지 살펴보았지만, 단 하나의 쌀알도 보이지 않았다.

그 자리에서 나는 울음을 터뜨렸다. 30대 초반이 된 의사가 대단한 메뉴도 아닌 김밥 하나 먹기 위해 하루종일 버텨왔는데, 그 영혼과 육신이 한꺼번에 붕괴되는 듯했다. '과연 이렇게 사는 것이 맞는 것인가'라는 자괴감마저 들었다.

그 후로는 어떻게 해서든 미리 챙겨놓는 것으로 마지막 자존심을 지켜 나갔다. 이제 외과를 떠나 건강검진센터에서 일한 지도 어느덧 20년이 다 되어간다. 요즘도 본 병원에 회의가 있어 가게 되면 일부러 매점에 들러 김밥을 챙겨 먹는다.

대개는 '눈물 젖은 빵'을 먹던 시절의 빵 맛이 나중에 보면 그렇지 않다고들 한다. 하지만 나는 아직도 그 김밥이 맛있다. 그리고 수년 동안 병원 매점에서 사라지지 않고, 맛이 변하지 않고, 그 모양, 그 맛 그대로 자리를 지켜주고 있는 나의 김밥이 고맙다.

사람은 때로 작은 것에 감동하고, 사소한 순간에 울고, 평범한 것들 속에서 인생의 참된 의미를 발견한다. 김밥 하나에 담긴 위로가 오늘의 나를 만들었다는 것, 그것이 괴테가 말한 눈물 젖은 빵의 본질인지도 모른다.

서울대병원 본원의 '돌돌말이 김밥'

전천후 투수, 전천후 외과의사

나는 야구를 좋아한다.

어린 시절, 나의 야구 사랑은 단순했다. 빨간색 윗도리에 검은색 바지를 입은 모습이 멋있어서 타이거즈를 좋아했다. 그때는 우리 팀이 1등을 하고 시즌 우승을 하는 것이 당연한 일이라고 생각했다. 마치 해가 동쪽에서 뜨는 것처럼, 비가 오면 땅이 젖는 것처럼 자연스러운 일이었다.

그 우승의 중심에는 언제나 선동렬 투수가 있었다. 당시의 선동렬 선수는 수식어가 필요 없었다. 그의 이름 자체가 하나의 대명사였다. 선발투수, 마무리 투수 등 어떤 보직이든 상관없이 그는 경기에 등판했고, 경기를 이겼다. 규칙이나 제한 같은 것은 마치 그에게는 적용되지 않는 듯했다.

중계를 보다 보면 타이거즈가 경기 후반에 앞서 나가고 있을 때, 전날 이미 선발로 나왔던 선동렬 투수가 불펜에서 몸을 푸는 모습이 보였다. 중계진들은 말했다. "선동렬 투수가 저렇게 몸을 풀고 있는 건 상대팀에게 추격할 의지를 꺾기 위한 것입니다." 그 말을 들으며 나는 우리 편에 선동렬 선수가 있다는 사실이 자랑스러웠고, 믿음직스러웠다.

당시에는 투수의 역할이 지금처럼 분업화되지 않았다. 선발 투수의 투구수가 몇 개인지 중요하게 여기지 않았고, 중계방송에서 투구수를 보여주지도 않았다. 요즘은 선발투수의 투구수가 100개에 다다르면 선수와 코칭스태프뿐만 아니라 팬들도 불안해지기 시작한다. 마치 시한폭탄의 초침 소리를 듣는 것처럼.

내가 전공의를 할 때 퇴임을 2-3년 정도 앞둔 교수님이 계셨다. 그분은 외과의 역사와도 같은 분으로, 뇌수술을 빼고는 모든 수술을 다 해보셨다고 했다. 위암, 대장암, 유방암 등 특정 장기의 암들을 종류별로 수술하셨고, 부신, 소장 등의 질병에 대한 수술도 능숙하게 해내셨다. 희귀 질병으로 피부와 근육에 생긴 거대한 종양을 제거하는 수술도, 모든 의사들이 손사래를 칠 때 교수님은 해내셨고, 환자를 살리셨다.

그분의 손은 마치 지도를 펼쳐 보는 것처럼 환자의 몸 속을 읽어 내는 듯했다. 종양이 심각하여 배 안에 여러 장기에 걸쳐 퍼져 있거나 위험한 장기에 붙어 있어도, 본인이 수술 중에 모든 장기를 직접 다룰 수 있기에 한 번에 여러 장기 수술을 하실 수 있었다.

 전공의 1년차 시절, 교수님의 수술에 들어갈 때면 험난하고 어렵고 긴 수술이 예상되었지만, 수술이 끝나고 나면 환자의 배 속이 깨끗하게 정리되어 있어 수술장을 나오면서 감동을 받은 적이 여러 번 있었다.

 요즘은 외과 자체도 세분화되어 대장항문외과, 위장관외과, 유방내분비외과, 간담췌외과, 혈관이식외과 등으로 나뉜다. 그래서 대장암으로 수술을 받으러 온 환자가 담낭도 제거해야 하는 경우, 해당 교수에게 의뢰하여 협동 수술을 하게 된다. 이렇게 세분화된 수술을 하는 것이 환자에게 좀 더 정교하고 전문화된 치료를 제공할 수 있기에 바람직한 방향이라 생각한다.

 하지만 어린 시절, 선동렬 투수가 경기장에 나와서 선발, 중간, 마무리, 투구수를 따지지 않고 경기를 지배했던 그 모습이 멋있었던 것처럼, 매우 위험하고 심각한 상태의 환자가 와도 수술장에서 전천후로 환자의 장기를 수술하여 생명을 구하던 그런 외과의사가 그립기도 하다. 현재도 그러한 수술을 하시는 분들이 몇 분 계시지만, 점점 그런 외과의사가 남아있기 힘든 의료 환경이 되어가는 것 같아 안타깝다. 전문화는 깊이를 더하지만, 때로는 우리가 잃어버린 넓이에 대한 아쉬움이 함께 남는다.

들고 남의 중요성, I/O 맞추기

전신마취를 위해 병원에 입원한 경험이 있는 사람이라면 누구나 기억하는 입원환자의 의무가 있다. 입원 절차를 밟는 순간부터 소변통을 건네받고, 소변량을 측정하는 방법과 그것을 기록하는 절차에 대한 설명을 듣게 된다. 금식 기간 중에는 배뇨나 배변 시마다 그 양과 상태를 기록해야 하고, 수술이 끝나고 다시 입으로 무언가를 섭취할 수 있게 되면 마신 물의 양, 먹은 음식의 양까지 꼼꼼히 적어야 한다.

이 모든 것을 의학용어로는 'I/O check'라고 부른다. 몸으로 들어간 것(Input)과 몸에서 나간 것(Output)을 측정하는 일종의 균형 회계다. 이것은 수술 후 회복 과정에서 환자의 상태를 가장 기본적으로 보여주는 중요한 지표 중 하나다. 마치 경제학자가 한 나라의 경제 상황을 파악하기 위해 수출입 균형을 살피는 것과 비슷하다.

대장암 수술의 경우를 예로 들어보자. 수술 중에도 마취과에서는 끊임없이 I/O check를 진행한다. 수술을 위해 들어간 수액의 양, 수술 중 발생한 출혈의 양, 수술 중 배출된 소변의 양을 면밀히 기록한다.

수술 직후 의료진은 4-6시간 간격으로 환자의 I/O를 확인한다. 아직 금식 상태이기 때문에 정맥 주사로 들어간 수액의 양과 배출된 소변의 양이 주요 관심사다. 수술 후 며칠이 지나면 보통 하루에 한 번 정도 확인하는데, 이때는 입으로 섭취한 물과 음식의 양, 소변량, 배변량까지 모두 점검한다.

왜 의료진은 이 I/O check에 그토록 집착할까?

수술 후 I/O check를 통해 의료진은 단순한 숫자 너머에 있는 복잡한 신체 상태를 읽어낸다.

우선 I/O가 양수일 때, 즉 'I/O positive'인 경우를 살펴보자. 이는 들어간 양이 너무 많거나 배출량이 너무 적은 상태를 의미한다. 이때 의사는 우선 탈수 상태를 의심한다. 수분 공급이 부족하거나 소변량 또는 체외 배액량이 과다한 경우 탈수가 발생할 수 있는데, 이는 소변량이 줄어들거나 소변 색이 진해지는 것으로 알 수 있다. 탈수는 수술 직후 환자에게서 가장 흔하게 볼 수 있는 반응 중 하나다.

또한 수술 후 어떤 이유로 신장 기능에 문제가 생겼거나, 수술 부위의 출혈이 심한 경우도 의심해볼 수 있다. 이외에도 심각한 패혈증이나 폐부종, 염증 등 다양한 원인이 있을 수 있다. 그래서 큰 수술을 마친 후 의사들이 가장 예민하게 반응하는 것이 바로 이 'I/O positive' 상태다.

이러한 경우 의사는 우선 탈수 상태로 판단하고 수분 공급을 늘려 균형을 회복하고자 한다. 그래도 소변이 충분히 배출되지 않으면 이뇨제를 투여하여 신장에서 물을 배출하는 것을 돕거나, 출혈이나 감염 등 다른 문제가 있는지 확인하여 교정한다.

반대로 I/O가 음수인 경우, 즉 'I/O negative'인 상황도 있다. 이는 소변량이 급격하게 많아지거나, 수술 후 가지고 있는 배액관을 통해 지나치게 많은 양이 배출되거나, 심한 설사가 있거나, 폐에 차 있던 물을 빼내는 과정에서 갑자기 많은 양의 수분이 빠져나갔을 때 발생할 수 있다.

이 역시 원인을 찾아 교정하는 것이 우선이지만, 부족한 Input을 빠르게 보충하지 않으면 점차 신장 기능이 악화되거나 전해질 불균형으로 인해 몸의 균형이 급격하게 무너질 수 있다.

이처럼 수술 환자의 회복 과정에서는 수술 자체의 성공도 중요하지만, 이러한 I/O 균형을 맞추는 것 역시 매우 중요하다.

의사들이 회진 시간에 수술 직후의 환자를 방문할 때, 대부분의 환자는 의사가 자신의 얼굴을 보고 불편한 점을 듣기 위해 왔다고 생각한다. 하지만 짧은 회진 시간 동안 I/O가 맞지 않는 환자의 경우, 의사는 소변 주머니를 살펴 소변 색깔은 어떠한지, 환자의 혓바닥이 말라 있지는 않은지, 얼굴이 창백해지지는 않았는지 면밀히 관찰한다. 때로는 소변이 나오지 않는 이유가 단순히 소변줄이 막혀서 그런 것은 아닌지 손으로 만져보기도 한다.

이런 섬세한 관심과 관찰을 통해 환자에 대한 정보를 축적하는 훈련이 쌓이면, 결국 경험 많은 외과의사로 성장하여 수술 후 환자 관리를 능숙하게 할 수 있게 된다. 무수한 디테일에 대한 관심이 결국 큰 그림을 완성하는 것이다.

그런데 이러한 I/O check에는 환자의 협조가 필수적이다. 입원하면 귀찮다는 이유로 소변량을 제대로 측정하지 않고 버려버리는 환자도 있고, 깜빡 잊고 기록하지 않는 환자도 있다.

나 역시 작은 수술을 받기 위해 입원했을 때, 소변통에 소변을 받아 양을 기록하는 것이 너무 번거로워 대충 추정해서 적었던 적이 있다. 결과적으로 I/O가 맞지 않아 이미 뺐던 수액 주사를 다시 꽂을 뻔했고, 결국 주치의에게 사실을 고백할 수밖에 없었다.

인생에서도 들어오는 것과 나가는 것의 균형은 매우 중요하다. 그것이 돈일 수도 있고, 시간일 수도 있으며, 노력과 열정일 수도 있다. 우리가 소비하는 에너지와 충전하는 에너지, 우리가 내뱉는 말과 귀 기울여 듣는 말, 우리가 주는 사랑과 받는 사랑 사이에도 균형이 필요하다.

나이가 들수록 나는 인생의 I/O를 과연 능숙하게 맞추어 나갈 수 있을까? 마치 숙련된 의사가 환자의 I/O를 섬세하게 관찰하고 조절하듯, 나 자신의 삶에 대해서도 그런 섬세한 관찰자가 될 수 있을까? 고민하게 된다.

결국 인생이란 끊임없이 균형을 찾아가는 과정인지도 모른다. 우리는 모두 자신만의 I/O를 맞추며 살아가는 의사이자 동시에 환자다. 그리고 가장 중요한 것은, 들어오는 것과 나가는 것의 정확한 양이 아니라 그 사이의 균형을 섬세하게 살피는 관심과 경험의 축적이다. 왜냐하면 진정한 건강과 회복은 숫자의 정확성보다 그 숫자가 나타내는 의미를 읽어내는 지혜에서 비롯되기 때문이다.

족보 인생

 의과대학을 입학하는 순간부터 의과대학생들은 족보와 함께 살아간다. 의사면허증을 획득하고 의사가 되고 나서도 족보는 손에서 뗄 수가 없다. 어쩌면 의사라는 직업의 가장 독특한 특징 중 하나일지도 모른다. 이것은 단순한 시험공부의 방법이 아니라, 하나의 삶의 방식이 되어버린다.

 의과대학교 본과에 입성하게 되면 매 수업시간마다 수업 내용이 정신을 못 차릴 정도의 양과 속도로 진행된다. 50분짜리 수업마다 100장이 넘는 파워포인트 슬라이드가 물밀듯이 쏟아졌다. 글자와 그림이 빽빽하게 채워진 슬라이드들은 한개의 슬라이드에서 다음 슬라이드로 넘어갈 때 숨이라도 쉬면 내용을 놓칠 것 같은 압박감을 준다. 휴식시간 10분, 점심시간 1시간. 그 짧은 틈새에 숨을 고르고 다시 파워포인트 폭탄 세례를 맞았다.

하지만 교과서의 글자들은 살아있지 않다. 그것들은 그저 종이 위에 놓여 있기 때문이다. 진짜 의학은 병동의 환자들에게 배워야 한다. 그래서 어마어마한 수업이 끝나면 우리는 다시 병동으로 향했다. 교과서에서는 '간경화'라는 세 글자로만 배웠던 질병이, 실제 환자의 얼굴에서는 황달과 복수, 그리고 고통으로 드러난다.

허준은 "오장육부가 조화롭지 못하면 백병이 생긴다"고 했다. 오장은 심장, 간장, 비장, 폐장, 신장이고, 육부는 담, 위, 소장, 대장, 방광, 삼초다. 이것이 옛 의학의 기본이었다면, 지금의 의학은 머리끝부터 발끝까지, 세포에서 DNA까지 모든 것을 다룬다. 그러니 방대한 교육량은 당연하고 필수적이다.

하지만 의과대학생들은 사람이기 때문에 모든 것을 외울 수도, 모든 것을 몸으로 익힐 수도 없다. 그래서 등장한 것이 '족보'다. 선배들이 남긴 "족보"라는 지도 없이는 의대의 미로를 헤쳐나갈 수 없었다. 그것은 단순한 시험 문제집이 아니었다. 교수님들의 강의 스타일, 중요하게 생각하는 부분, 시험 출제 경향까지 담겨 있었다. 수년간 여러 선배들의 경험이 축적된 지혜의 결정체였다.

족보는 우리에게 효율성만 가르치는 것이 아니다. 시험에 자주 출제된다는 것은 그만큼 환자 진료에 필수적이라는 의미이기도 했다. 족보는 의사로서 갖춰야 할 소양의 최소한의 마지노선을 보여

준다.

의과대학 졸업 후에도 족보 인생은 계속됐다. 전공의 시절에는 선배들이 남긴 인계 노트, 환자 관리 프로토콜, 응급 상황 대처 매뉴얼이 새로운 족보가 되었다. 어느 날 밤, 갑자기 호흡이 곤란해진 환자를 만났을 때, 내 판단이 아닌 선배들의 경험이 담긴 프로토콜이 나를 구했다. 그리고 그 환자도.

전문의가 된 지금도 마찬가지다. 새로운 수술 기법을 배울 때도, 낯선 치료법을 시도할 때도 선배 의사들의 경험이 나침반이 된다. 족보는 형태만 바뀌었을 뿐, 여전히 내 곁에 있다.

그런데 나이가 들면서 문득 깨달았다. 인생에는 족보가 없다는 것을. 시험 문제로 나올 것 같은 부분만 공부하고, 그 답을 외워서 통과하던 시절은 지나갔다. '어른'이 되고 보니 누구도 무엇이 문제인지, 그 답은 무엇인지 알려주지 않는다. 내가 몇 점짜리 인생을 살고 있는지도 모른다.

젊은 시절을 족보에 의지해 살아오다 보니, 가끔은 어른을 위한 족보도 있으면 좋겠다는 생각을 한다. 불가능한 상상이라는 것을 알면서도. 어쩌면 족보가 없다는 것이 어른의 증거일지도 모른다. 스스로 문제를 찾고, 답을 만들어가는 것. 그것이 진짜 인생의 시험일 테니까.

2007년 외과 전문의 시험 족보집

2002년 월드컵

 사람들은 저마다의 방식으로 역사를 기억한다. 어떤 이는 교과서의 연도와 사건들로, 또 어떤 이는 개인적 경험의 파편들로. 내게 2002년은 응급실 인턴으로서의 삶과 한국 축구의 기적이 붉게 얽힌 시간으로 남아있다.

 그해 5월 31일부터 6월 30일까지, 한국과 일본에서 월드컵이 열렸다. 대한민국은 처음으로 월드컵을 공동 개최했고, 우리의 태극전사들은 누구도 예상치 못한 4강 신화를 이루어냈다. 그 시절 나는 파견병원 응급실에서 인턴 생활을 하고 있었다.

 응급실 인턴의 삶은 단순했다. 24시간 근무, 24시간 오프. 외부세계와 완전히 단절된 삶이었다. 근무 중에는 언제 들이닥칠지 모르는 응급환자들 사이에서 정신없이 흘러갔고, 오프 시간에는 침대에 쓰러져 의식을 잃은 듯 내내 잠을 잔다.

하지만 그런 단절된 삶 속에서도 2002년 월드컵의 열기는 응급실 안까지 파고들었다. 태극전사들의 경기가 있는 날이면 한국인이라면 누구나 12번째 선수가 되었다. 독립운동이나 민주화 운동과 같은, 국가적 위기가 아닌 상황에서 순수한 열정으로 한마음 한뜻이 되어 모인 건 내 인생에서 처음 보는 광경이었다. 광화문이 같은 뜻을 가진 사람들이 모이는 상징적 장소가 된 시발점이자, 같은 공간에서 같은 옷을 입고 마음을 모으는 새로운 응원문화의 시작이었다.

당시 응급실에는 월드컵으로 인해 진귀한 모습들이 벌어졌다.

태극전사들의 경기가 있는 날, 응급실은 기이한 고요함에 휩싸였다. 대한민국의 경기는 대개 저녁때 진행되었는데, 평소 저녁 시간이면 끊임없이 밀려들던 환자들이 사라지는 것이었다. 그리고 경기가 종료되면 수십 분 후부터 환자들이 다시 밀려들기 시작했다. 우리는 경기 시간 동안 폭풍 전야 같은 긴장감 속에서 대기했다.

경기 시작 두 시간 전, 충수돌기염으로 응급실을 찾아온 환자가 있었다. 충수돌기염은 초응급질병은 아니지만 응급 질병에 속하기 때문에 응급실에서 준비가 되면 바로 수술장으로 가는 경우가 대부분이다. 그날만큼은 달랐다. 환자도, 보호자도, 외과 수술팀도

(외과의사, 마취과 의사, 간호사) 모두가 월드컵 경기를 보고 수술하길 원했다. 이렇게 월드컵에 참여하고자 하는 여러 사람들의 마음이 모아져서 수술은 경기가 끝난 이후에 진행하기로 합의가 되었다. 이런 묘한 합의 속에 환자는 환자복을 입은 채 응급실 텔레비전 앞에서 다른 사람들과 열정적으로 응원했다. 배를 움켜쥐고 고통에 신음하던 사람이 경기를 보는 동안만큼은 통증을 완전히 잊은 듯했다. 역시 즐거움은 통증도 잊게 하는가 보다. 그렇게 열심히 응원을 하고 경기가 끝나자 응급실과 의료진, 환자, 보호자는 모두 순식간에 원래의 위치로 돌아왔다. 경기가 끝나자마자 수술장에서 전화가 왔다. "환자분 수술장으로 이송해 주세요".

또 다른 경기가 끝난 후에는 매우 연로한 어르신이 이미 사망한 상태로 응급실에 도착했다. 집에서 임종을 기다리고 있던 분이었다. 언제 돌아가셨냐고 물었더니 가족들이 말했다. "월드컵 시작하기 전이요." 의아하게 생각했는데, 워낙 호상이었고, 마음에 준비를 하고 있는 상태라서 온 가족들이 모여 있었는데 어르신이 돌아가시고 나서 가족끼리 합의를 한 모양이다. '월드컵 경기는 보고 병원에 가자.'

그동안 병환으로 고생하신 어르신도 육신의 고통에서 벗어나시고, 자손들도 헤어짐의 슬픔을 월드컵 경기를 통해 위로 받았던 일화이다.

이러한 흔치 않은 풍경들도 있었지만 당시에 월드컵 경기 후 의료진에게 가장 공포스러웠던 건 길거리 응원 중 발생한 돌발 행동이었다. 너무나 뜨거운 열기 속에서 사람들은 평소라면 하지 못할 행동들을 서슴없이 했다. 자동차 위에 올라가 뛰다 낙상한 사람, 태극전사를 따라 바나나킥을 시도하다 골절된 사람, 경기 결과에 불만을 품고 주먹다짐을 하다 다친 사람들이 줄지어 들어왔다. 우리는 경기 결과에 촉각을 세우며 사고 없는 밤을 기도했다.

20년이 넘게 지난 2002년 월드컵은 당시를 살았던 사람들에게 각자의 방식으로 각인되어 있을 것이다. 태극기 바디페인팅, 광화문의 함성, 히딩크 감독의 리더십, 황선홍 선수의 오노 세레머니, 안정환 선수의 반지키스... 평생 잊지 못할 순간들이다.

나에게 2002년 월드컵은 응급실이라는 특별한 창을 통해 바라본 다채로운 풍경들로 남아있다. 개인적인 소망이 있다면, 2002년처럼 나이와 성별, 지역, 신념, 이념을 초월해 대한민국이 오롯이 하나가 되어 같은 곳을 바라보는 순간이 다시 찾아오는 것이다.

새내기 의사의 설레는 휴가

전공의와 전임의를 보내던 시절, 일 년에 주어진 휴가는 고작 6일 정도였다.

1년차 전공의의 경우, 일요일 오전 회진을 마치고 병원 문을 나서, 다음 토요일 오전에 복귀하는 것이 불문율이었다. 1년차 전공의에게 주어진 첫 휴가는 특별했다. 태어나서 가장 높은 강도의 업무를 겪고 난 후 맞이하는 휴식이기에, 어떻게 하면 휴가를 가장 근사하게 보내고, 최대한의 휴식을 취할 수 있을지 미리부터 고민하게 된다.

그런데 우리 병원 외과에는 1년차 전공의가 피해야 할 두 가지 휴가 시나리오가 있었다.

첫째는 자신의 휴가를 까먹는 것이다. 휴가 일정이 미리 정해져 있지만, 정신없는 병원 생활에 휴가가 시작된 줄도 모르는 것이다. 전공의의 휴가는 누군가 챙겨주는 것이 아니다. 미리 일정을 정해 놓고 스스로 알아서 가야 한다. 주변의 동료들도 모두 하루살이처럼 바쁘기에 누구도 챙겨주지 못한다. 이런 친구들은 화요일쯤 되어서야 자신이 휴가라는 것을 알아채고 비명을 지른다. 하지만 이미 늦었다. 스케줄은 빡빡하게 채워져 있고, 자신의 실수로 근무 봉사를 한 셈이니 어쩔 수 없다. 그저 남은 휴가라도 최대한 활용해야 한다.

둘째는 휴가 첫날 일요일 점심시간, 회진을 돌고 너무 피곤해서 당직실에서 잠시 눈을 붙였다가 월요일 오후에야 깨어나는 것이다. 세상 모르고 4-5개월 만에 깊이 잠들었더니 휴가가 하루 사라져 있다. 이런 친구를 발견한 동료들은 위로한다며 저녁 식사를 함께하자고 끌고 나간다. 결국 이틀치 휴가가 날아간다.

나는 이런 시나리오의 희생양이 되지 않기 위해 한 달 전부터 창의적이고 예측 불가능한 휴가를 계획했다. 어차피 피곤해서 여행을 갈 수도 없고, 친한 친구들은 모두 병원에 갇혀 있어 함께 할 사람도 없었다. 그래서 전공의 1년차 때, 당시 유행하기 시작한 '댄스 학원'에 등록했다. 가장 유명했던 'OOO 나이트댄스'라는 학원이었는데, 단체로 배울 시간이 없고 단기간에 효율적으로 배워야 했기에 1:1 레슨을 하루에 1시간 30분씩 받기로 했다. 원래 춤추는 것과 보는 것을 좋아했지만 제대로 배운 적은 없었다. 다운바운스, 업바운스, 너구리춤 같은 기본기를 배웠다. 하나의 곡을 완성하지도 못하고 단지 간단한 기본기 정도만 배웠지만 춤을 배우는 동안만큼은 병원과는 완전히 다른 세계에 있어 행복했다. 일주일 동안은 돌아가야 할 병원이라는 현실을 철저히 외면하려는 몸부림이었다.

병원에 복귀해서 선배들이 휴가 때 무엇을 했냐고 물었을 때, 춤을 배웠다고 하니 모두 '뭐 이런 아이가 있나'라는 표정이었다. 아마도 선배들의 그런 반응을 보기 위해 황금같은 1년차 휴가를 춤을 배우는 데 썼던 것 같기도 하다.

전공의 3년차부터 전임의 시절까지는 매년 휴가를 모아 인도로 의료봉사를 갔다. 상하수도 시설조차 갖춰지지 않은 곳이었다. 하수도가 없어 진료 중에 비가 오면 순식간에 물이 무릎까지 차올랐고, 그 물속에는 그들의 신으로 모셔지는 동물들의 분변이 떠다녔다. 첫해에는 열정을 다한다는 생각에 현지 음식과 음료를 모두 마셨다가, 한국에 돌아와 복통, 설사, 고열로 응급실 신세를 졌다. 그 후로는 가져간 에너지바 외에는 일체 현지 음식을 먹지 않았다.

내가 휴가를 인도 의료봉사에 썼다는 이야기를 들으면 동료들은 내가 깊은 신앙심이 있거나 희생정신이 뛰어나다고 생각했다. 하지만 나에게 그곳에서의 의료봉사는 사막의 오아시스처럼 살아갈

원동력이 되었다. 한국에서는 아직 훈련 중인 외과 의사라 큰 수술에서 할 수 있는 일이 적어 환자에게 직접적인 도움이 될 수 없다는 안타까움이 있었다. 그러나 의료시설이 부족한 그곳에서는 기생충약이나 진통제를 나눠주고, 상처에 베타딘 소독을 해주는 것만으로도 그들이 행복해하고 빠르게 회복되는 모습을 볼 수 있었다. 그토록 열악한 환경에서 살고 있으면서도 그들의 표정은 최첨단 의료시설에서 사는 나보다 훨씬 행복하고 평안해 보였다.

이제는 전문의가 되어 교수로 살면서 휴가일수도 늘고 쉴 수 있는 여유도 많아졌다. 그런데 지금의 휴가는 일을 계속하기 위해 지친 몸을 재생하는 시간으로만 쓰이는 것 같다. 젊은 시절 새롭고 창의적인 일에 휴가를 계획적으로 사용했던 것과는 다른 방식이다.

이 글을 쓰면서 은퇴까지 15년, 남은 휴가의 기회도 그만큼밖에 없다는 사실을 새삼 깨닫게 되었다. 전공의, 전임의 시절처럼 앞으로 남은 휴가의 사용법을 다시 고민해봐야 할 때가 온 것 같다.

루틴 만들기의 중요성

병원에서의 모든 행위에는 이유가 있다. 의료 현장에서 모든 과정은 절차화되어 있고, 일정한 순서와 방식대로 움직여야 한다. 그것을 우리는 '프로토콜'이라 부르고, 그것이 반복되면 '루틴'이 된다.

외과 전공의 시절, 여러 교수님들의 수술에 보조의로 참여했다. 같은 수술이라도 교수님마다 진행 방식이 완전히 다르다. 어떤 교수님은 실을 여러 개 미리 떠놓고 한꺼번에 매는 방식을 선호했고, 다른 교수님은 한 땀 뜰 때마다 즉시 묶어나가는 방식을 가지고 있었다. 봉합 보강을 위한 추가 실을 놓는 시점도 제각각이다. 수술 시야를 확보하기 위해 거즈를 사용하는 방식도 달랐다. 어떤 교수님은 처음부터 거즈를 수술 부위에 모두 넣어두었고, 다른 교수님은 수술이 끝난 후에야 거즈를 사용해 출혈 여부를 확인했다.

아무것도 모르는 1년차 전공의였던 나는 이런 순서가 어긋날 때마다 불편해하시는 교수님들을 보며 의아했다. '이렇게 하나, 저렇게 하나 결과는 똑같은데, 왜 저렇게 본인들의 순서에 집착하실까?'

그러던 어느 날, 선배 전공의가 들려준 이야기가 내 생각을 완전히 바꿔놓았다. 30년 이상 수술을 해온 한 외과 교수님께서 말씀해 주셨다고 한다.

"내가 이렇게 실을 걸어놓는 시점, 위치를 정해 놓고 매번 수술 때마다 세세한 부분을 똑같이 하는 이유는 절대로 한 과정도 빠지지 않게 하기 위함이야. 수술을 할 때 수많은 과정들이 있는데, 그 과정들의 순서가 뒤바뀌게 되면 간혹 한 가지를 빠뜨릴 가능성이 있어. 그런 일은 절대로 일어나면 안 되거든. 이렇게 아주 작은 과정들이라도 루틴으로 만들어 놓고 항상 그 순서로 진행하게 되면 나도 빠뜨리지 않게 되고, 같이 수술에 참여하는 사람들도 그것을 감시할 수 있어. 그래서 수술 과정이 항상 정확한 순서에 따라 진행되는 것이 매우 중요하다."

그 말을 들은 후, 나는 각 교수님들의 수술 루틴을 열심히 배우기 시작했다. 그리고 나중에는 내 수술에서도 나만의 루틴을 만들어 나갔다.

건강검진센터에서 일하며 더욱 루틴의 중요성을 체감했다. 내시경 검사를 할 때도 환자가 바뀌면 안 되고, 조직검사를 할 때는 환자가 위험한 약을 복용 중인지, 혈압이 너무 높지는 않은지 등을 확인하는 것이 필수적이다. 그래서 내시경의 경우 전처치와 동의서 작성 과정이 검사 전에 항상 있다. 처치를 하기 전 검사를 받는 수진자에게 프로토콜에 적혀있는 내용들을 모두 확인하고, 검사 적합 여부를 판단한다. 또한 내시경 검사실에 들어가서도 다시 한 번 이름과 생년월일을 묻는 환자 확인 과정을 거친다.

  병원에서는 안전사고 예방을 위해 '스위스 치즈 모델'이라는 개념을 활용한다. 각각의 안전장치들이 치즈 조각처럼 겹겹이 쌓여 있는데, 각 치즈 조각에는 구멍이 있다. 하나의 치즈 조각에 있는 구멍으로 실수나 사고가 통과할 수 있지만, 여러 장의 치즈를 겹쳐놓으면 한 구멍을 통과하더라도 다음 치즈에서 막히게 된다. 이렇게 여러 단계의 확인 절차를 거치면서 실수나 오류가 발생할 확률을 최소화하는 것이다.

  하지만 무수한 노력과 절차들에도 불구하고 안전장치들이 제대로 작동하지 않을 때가 있다. 간혹 이러한 구멍이 공교롭게도 여러 조각에 걸쳐 일렬로 배열되면 문제가 발생한다. 그렇기 때문에 각 단계별 프로토콜과 루틴을 철저히 지키는 것이 생명을 다루는 의료 현장에서는 무엇보다 중요하다.

최근에는 의료 분야의 루틴과 프로토콜의 중요성이 일상생활에도 적용될 수 있다는 것을 깨닫게 된다. 유튜브에서 루틴 만들기에 관련된 영상이 인기를 끄는 것을 보면 많은 사람들이 그 중요성을 느끼는 듯하다. 아침에 일어나서 하는 일, 업무를 처리하는 순서, 잠자리에 들기 전 루틴까지, 이런 일상적인 패턴들이 우리 삶을 더욱 안정적이고 효율적으로 만들어준다.

삶이 주는 모든 변수와 위험 속에서, 우리는 루틴이라는 단단한 뿌리로 서 있다. 그 뿌리가 깊을수록 우리는 더 높이, 더 안전하게 자랄 수 있다. 루틴은 단순한 반복이 아니라, 우리가 가진 소중한 것들을 지키기 위한 일상의 의식이다.

들을 수 있는 귀

의과대학 본과에 진입한 학생들에게는 특별한 순간이 찾아온다. 바로 청진기를 단체로 구매하는 날이다. 하얀 가운과 함께 청진기는 오랫동안 의사를 상징하는 대표적인 도구로 여겨져 왔기에, 학생들은 이제 진짜 의사가 될 수도 있겠다는 기대와 설렘으로 한껏 들뜨게 된다. 나 역시 예외는 아니었다. 청진기를 목에 걸고 병원 복도를 걷는 모습을 상상하는 것만으로도 심장이 빠르게 뛰었고, '드디어 나도 의사의 길로 한 걸음 더 다가가는구나'하는 감격스러운 순간이었다.

청진기를 구매하기 전 강의실 앞 공간에는 다양한 제품들이 전시되었다. 우리들은 그 자리에 모여들어 각각의 제품을 살펴보았다. 가격대와 디자인, 색상이 다양했다. 일부 학생들은 "역시 비싼 제품이 성능도 좋고 믿음직스러워 보인다"며 고가 제품을 선호했고, 다른 이들은 "지금 비싼 걸 구매할 필요가 있을까? 나중에 정식 의사가 되어서 더 좋은 걸 사는 게 낫지 않을까?"라며 실용적인 관점에서 의견을 제시했다.

바로 그때였다. 수업을 마치고 강의실을 나가시던 폐 질환의 최고 권위자이신 호흡기내과 교수님께서 우리들 옆을 지나가시다가 의미심장한 한마디를 쓰윽 던지고 지나가셨다.

"청진기가 좋으면 뭐하나, 그걸 들을 줄 알아야지."

이 간단하지만 무게감 있는 한 마디가 강의실 전체를 가로질렀다. 그 말씀을 들은 후 대다수의 학생들이 가장 기본적이고 평범한 청진기를 선택하게 되었다. 나 역시 그런 선택을 한 학생 중 하나였다.

프로 운동 선수들에게 자주 언급되는 것처럼, 기본기의 중요성은 의료계에서도 똑같이 적용되는 진리이다. 아무리 최신식이고 고성능인 의료 장비와 도구들이 있다 하더라도, 그것들을 정확하게 이해하고 효과적으로 활용할 수 있는 전문적 지식과 임상적 소양이 없다면 그저 값비싼 장식품에 지나지 않는다.

의학 분야에서 말하는 기본기란 환자가 호소하는 증상을 세심하게 파악하고, 신체 진찰을 정확하게 수행하며, 각종 검사 결과를 종합적으로 해석할 수 있는 전문적 능력을 의미한다. 이러한 능력은 단순히 고가의 장비나 뛰어난 장비의 성능만으로는 얻을 수 없으며, 오랜 시간 동안의 꾸준한 임상 경험과 끊임없는 학습을 통해 축적되는 전문성에서 비롯된다.

인턴 시절, 충수돌기염 (일반적으로 맹장염이라고 부르는) 환자가 응급실에 내원했을 때 가장 먼저 시행하는 것은 손으로 직접 배를 눌러보고 만져보는 이학적 검사였다. 근래의 의료 현실에서는 의료분쟁이나 법적 책임 문제로 인해 복통을 호소하는 환자가 오면 즉시 CT나 초음파 검사부터 시행하는 경우가 많아졌지만, 20년 전만 해도 대뜸 검사부터 시행을 하게 되면, 외과 교수님들로부터 강한 질책을 받았다. "환자가 충수돌기염인지를 CT를 찍어봐야 아는 것인가? 진찰만 해도 알 수 있잖아". 실제 환자가 어떻게 아픈지를 알아내기 위해 손으로 눌러보고 배를 만져 보는 것이 진단의 기본기이기 때문이다.

현재도 CT나 초음파 검사 결과만으로는 명확한 진단을 내리기 어려운 경우가 있으면, 가장 풍부한 임상 경험을 보유한 교수님께 진찰을 요청한다. 그리고 그분께서 직접 환자의 배를 만지고 눌러본 후 충수돌기염이라고 판단하시면, 그것이 바로 최종 진단이 된다. 반대로 아니라고 하시면 다른 질환을 의심해봐야 한다. 수십 년에 걸쳐 쌓아온 임상 경험이 만들어낸 '손끝의 지혜'가 첨단 의료장비보다 더 정확한 진단을 가능케 하는 순간들을 자주 목격하게 된다.

종종 병원을 선택할 때 최신식 의료 장비의 보유 여부나 현대적 시설의 구비 상태를 가장 중요한 기준으로 삼는다. 물론 뛰어난 성능의 의료 장비를 갖추고 있다면 더할 나위 없이 좋은 일이다. 하지만 진정으로 효과적인 치료는 이러한 첨단 장비들을 탄탄한 기본기를 갖춘 의료진이 다룰 때에만 온전히 그 가치를 발휘할 수 있다.

결국 의료의 진정한 본질은 화려하고 최신식인 장비나 고가의 의료기구가 아닌, 의사가 지닌 기본적인 임상적 역량과 환자를 대하는 진심 어린 마음가짐에 있다. 이는 의과대학 시절 처음으로 청진기를 목에 걸었던 그 특별한 순간부터 지금 이 순간까지 내가 한시도 잊지 않으려 노력하며 소중히 간직해온 핵심 가치이다.

청진기는 단순히 신체 내부의 소리를 전달하는 도구일 뿐, 그 소리가 담고 있는 의학적 의미를 정확히 해석하고 이해하는 것은 전적으로 의사의 기본기이다.

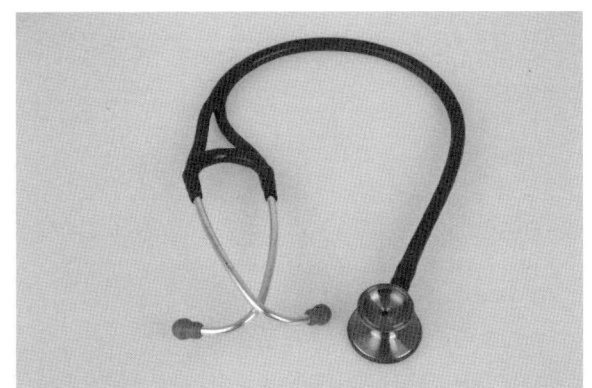
전문의가 되고 나서 구입한 비싼 청진기

오른쪽, 왼쪽

야구장에 처음 간 사람들이 자주 혼란스러워하는 것 중 하나가 좌익수와 우익수의 위치다. 외야 관중석에서 보면 '좌익수'라 불리는 선수는 오른쪽에 있고, '우익수'라 불리는 선수는 왼쪽에 있다. 이는 포수가 홈플레이트에 앉아서 경기장을 바라보는 방향을 기준으로 정해진 명칭이기 때문이다. 관중의 시점과 포수의 시점은 정반대이니, 당연히 좌우도 반대로 보인다.

이런 관점의 차이는 일상에서도 흔히 발생한다. 마주 보는 두 사람에게 오른쪽과 왼쪽은 서로 반대다. 그런데 의사들에게 이런 '반대 시점'은 단순한 불편함을 넘어 생명과 직결된 문제가 된다.

병원에서 영상을 판독할 때는 항상 환자를 기준으로 좌우를 표시한다. X선 촬영이든, CT든, MRI든 마찬가지다. 환자가 정면을 보고 있는 상태를 기준으로 그의 오른쪽은 의사가 영상을 볼 때 왼쪽에 보인다. 혼란을 방지하기 위해 의료영상에는 'R'(Right)이나 'L'(Left) 마커를 표시하는 경우도 있고, 수술 부위를 표시할 때도 환자의 오른쪽/왼쪽을 기준으로 한다.

처음에는 어색했지만, 시간이 지나면서 의사들의 뇌는 자연스럽게 이 '반전된 좌우'에 적응한다. 환자의 CT 영상을 보면서 화면 왼쪽을 가리키며 "여기 오른쪽 폐에 이상이 있네요"라고 말하는 일이 일상이 된다. 가끔 환자들은 의아해한다. "선생님, 지금 왼쪽을 가리키면서 오른쪽이라고 하시네요?"라고. 그럴 때마다 나는 기다렸던 질문인 양 설명을 시작한다.

문제는 이런 '반전 사고'가 일상생활까지 침투한다는 점이다. 의사들은 TV를 보다가 화면 왼쪽의 무언가를 가리키며 "오른쪽에 있는 저거 봐"라고 말했다가 실수한 적이 한 번쯤은 있을 것이다. 머릿속에서 자동으로 '환자 시점'으로 전환되는 순간이다. 마치 오랜 시간 외국에 살다 귀국한 사람이 한국어와 외국어를 섞어 쓰는 것처럼.

특히 신장, 폐, 유방, 뇌처럼 좌우 대칭 장기의 경우에는 더욱 주의해야 한다. 한 번의 실수가 반대편 장기로 잘못 진단을 하는 오류가 이어질 수 있기 때문이다. 분명 유방초음파 검사를 하면서는 오른쪽에 있는 병변을 확인하고서도, 그 소견을 의무기록에 적어 놓는 과정에서 잠시 '반전 사고'가 다시 반전을 하여 좌우를 바꾸어 의무기록에 기록하게 되는 경우가 있다. 이러한 이유로 최종 의무기록이 서명되기 전까지 여러 차례 확인을 하게 된다. 그래서 의료진은 수술 전에도 여러 차례 확인 절차를 거친다. 환자의 피부에 수술 부위를 표시하고, 의무기록을 재확인하고, 팀원 전체가 참여하는 '타임아웃' 시간을 갖는다. 이런 과정이 번거롭게 느껴질 수도 있지만, 좌우를 혼동하는 단 한 번의 실수가 돌이킬 수 없는 결과를 낳을 수 있다는 것을 우리는 잘 알고 있다.

이런 '반전 시점'은 의사만의 고민이 아니다. 춤을 가르치는 안무가들도 비슷한 경험을 한다고 한다. 학생들 앞에서 동작을 시범 보일 때, 학생들이 거울처럼 따라 할 수 있도록 왼쪽과 오른쪽을 뒤바꿔 춤을 춘다. 오랜 시간 이렇게 가르치다 보면, 실제 무대에서도 무의식적으로 '거울상'으로 춤을 추게 된다고 한다. 의사인 나는 그 말의 의미를 정확히 이해할 수 있었다.

이런 경험들은 우리에게 중요한 교훈을 준다. 세상을 바라볼 때 우리는 자신의 관점이 유일하고 절대적이라고 생각하기 쉽다. 내가 보는 오른쪽이 '진짜' 오른쪽이고, 다른 시각은 '잘못된' 것이라고 여긴다. 하지만 의료 현장에서 매일 '반전된 시각'으로 세상을 바라보는 경험은, 모든 관점이 상대적이며 맥락에 따라 달라진다는 것을 깨닫게 한다.

오른쪽과 왼쪽은 그저 기준점에 따라 달라지는 상대적 위치일 뿐이다. 중요한 것은 그 위치 자체가 아니라, 우리가 서로의 관점을 이해하고 존중하는 방식이다. 어쩌면 진정한 이해란, 나의 오른쪽이 누군가의 왼쪽이 될 수 있음을 받아들이는 순간부터 시작되는 것인지도 모른다.

오른쪽과 왼쪽은 그저 무언가의 기준을 중심으로 나누어서 부르는 것일 뿐, 그 자체로의 본질이 중요하다.

의사가 환자가 될 때

의사들은 아프면 어떻게 할까? 이 질문은 언뜻 어리둥절하게 들릴 수 있다. "의사가 아프면 당연히 더 쉽게 치료를 받겠지." 그러나 실상은 그렇게 단순하지 않다. 오히려 복잡하고 역설적인 문제가 숨어 있다.

의사들이 아프면 두 가지로 반응하는 경우가 많다. 첫째는 자신의 의학지식을 바탕으로, 그리고 바쁜 일상을 핑계 삼아 "별 거 아닐 거야"라고 스스로를 안심시킨다. 둘째는 정반대로, 알고 있는 모든 의학 지식을 총동원해 최악의 시나리오를 상상하며 불안에 시달린다. 어느 쪽이든 합리적인 판단과는 거리가 멀다.

오랜 세월 병원 안에서만 살아온 의사들은 복도를 지나가다 마주친 동료의사에게 슬쩍 증상을 물어보고 비공식적인 조언을 얻는 데 익숙하다. 정식으로 진료 예약을 하고, 접수를 하고, 순서를 기다려 진료실에 들어가는 과정이 낯설기 짝이 없다. 병원을 처음 찾는 환자들이 그 과정에 긴장하는 것처럼, 의사들도 환자가 되는 과정에 당혹감을 느낀다. 어쩌면 더 심하게 느낄지도 모른다.

"중이 제 머리 못 깎는다"라는 속담이 떠오르는 순간이다. 다른 사람의 문제는 해결해 주면서 정작 자기 자신과 관련된 일은 스스로 해결하지 못하고 남의 도움을 받아야 하는 상황이라는 것이다.

또 하나의 현실적인 문제는 시간이다. 의사들은 자신의 진료 일정을 쉽게 취소하거나 조정하기 어렵다. 환자와의 약속을 최우선으로 여기다 보니, 정작 자신의 건강은 후순위로 밀리기 마련이다. 바쁜 식당에서 요리사가 정작 자신의 식사는 거르는 것과 다를 바 없다.

'의사가 제 병 못 고친다'는 말은 전문가라 할지라도 자기 자신의 문제에 대해서는 객관적이고 합리적인 판단을 내리기 어렵다는 인간의 본질적 한계를 정확히 짚어낸다. 이는 기술적 한계가 아닌,

인간의 심리적, 감정적 측면에서 비롯되는 보편적 현상이다.

그래서 나는 의사 동료들에게 최소한 건강검진은 반드시 정기적으로 받으라고 권한다. 그리고 아프면 가능한 한 동료에게 비공식적으로 물어보지 말고, 전혀 모르는 의사에게 정식으로 진료를 받으라고 조언한다. 그것이 가장 정확하고 객관적인 의학적 판단을 받을 수 있는 길이기 때문이다.

우리는 때로 자신의 전문성이 모든 문제를 해결해줄 것이라고 착각한다. 하지만 진정한 지혜는 자신의 한계를 인정하고, 필요할 때 다른 이의 도움을 구하는 겸손함에서 시작된다. 의사의 지혜 역시 병을 고치는 데서만 오는 것이 아니라, 때로는 자신이 환자가 되어 배우는 깨달음에서 온다.

잃어버린 시절

나는 종종 생각한다. 인간이 살아가는 시간의 밀도가 균일하지 않다는 것을. 어떤 시간은 밀도가 높아 무겁고, 어떤 시간은 밀도가 낮아 가볍다. 그리고 어떤 시간은 그 존재 자체를 인식하지 못할 만큼 몸과 마음이 다른 곳에 쏠려 있다. 내 전공의 시절이 그랬다.

2003년부터 2006년까지. 내 인생에서 가장 치열하게 살았던 시간이지만, 동시에 가장 많은 것을 놓쳤던 시간이기도 하다. 의사가 되는 과정은 단순히 지식과 기술을 습득하는 것이 아니다. 그것은 시간이라는 개념 자체를 다르게 인식하게 만드는 과정이다. 하루의 24시간은 병원에 속해 있었고, 모든 일상은 응급 호출에 맞춰져 있었다.

1, 2년차 전공의 시절에는 일주일 내내 병원에서 살았다. 3, 4년차 전공의가 되어서도 상황은 크게 나아지지 않았다. 새벽에 일찍 출근해 늦은 밤에 퇴근하는 일상이 반복되었다.

당시는 스마트폰이 없던 시절이었다. 인터넷도 지금처럼 발달하지 않았다. 세상 소식은 오직 신문과 텔레비전을 통해서만 알 수 있었는데, 그마저도 접할 시간이 없었다. 수술장에서 하루 종일 함께 있는 동료들도 나와 같은 상황이었기에, 우리는 함께 세상으로부터 고립된 섬에 있는 것과 같았다.

가끔 교수님과 함께 회진을 돌 때면, 환자 병실에 틀어져 있는 텔레비전을 통해 외부 세계의 단편적인 모습을 보곤 했다. 그러나 회진을 오신 교수님을 위해 환자들이 소리를 줄여 놓은 텔레비전은 소리 없는 영상으로만 흘러갔다.

전공의 시절이 끝나고 "사회적 인간(homo socies)"의 삶을 살 수 있게 되었을 때, 나는 충격적인 사실을 알게 되었다. 내가 병원에 갇혀 있는 동안, 세상에는 수많은 일들이 일어났다는 것을.

2017년, 대한민국 대통령의 뉴스를 접하면서 큰 충격을 받았다. 2004년에도 대통령이 유사한 상황까지 갈 뻔했다는 사실을 그제서야 알게 된 것이다. 2017년의 혼란한 정국을 겪어 보면서 온 국민이라면 누구나 다 알 수밖에 없었을 상황이었는데, 2004년 외과 전공의 2년차였던 나의 기억 속에는 그 비슷한 사건이 전혀 존재하지 않았다. 분명 어딘가에서 들었을 텐데, 내 두뇌는 그것을 받아 적어 넣을 여유가 없었던 것이다.

이 책을 쓰면서 2003년부터 2006년까지, 내가 '잃어버린 시절'의 대한민국 주요 뉴스들을 검색해 보았다. 놀랍게도 그 내용의 반 이상이 처음 보는 것들이었다. 나는 도대체 그 시간 동안 어디에 살고 있었던 것일까. 물리적으로는 분명 대한민국 안에 있었지만, 의식은 완전히 다른 세계에 있었던 것이다.

전공의 시절은 병원 이외의 사회환경으로부터 고립될 뿐만 아니라, 내가 사랑하는 사람들로부터도 단절된다. 모든 가족 행사에서 나는 '열외'였고, 소중한 사람들이 추억을 만드는 순간에 함께하지 못했다.

전공의 2년차 때의 일이다. 대학교 시절부터 절친이었던 친구의 결혼식이 토요일 오후 광화문 부근에서 열리게 되었다. 나는 분당에 있는 병원으로 파견 나가 있었고, 토요일에는 2년차가 1년차를 응급 상황에만 지원하면 된다는 규칙이 있었다. 아무 일도 일어나지 않기를 간절히 바라며 오전 업무를 서둘러 마치고, 집에서 미리 챙겨온 옷을 갖춰 입었다. 예쁜 구두를 신고, 머리를 빗고, 화장을 하고 당직실 문을 막 나서려는 순간, 1년차에게서 전화가 왔다.

"선생님, 응급실에 환자가 왔어요."

그 순간의 절망감은 지금도 생생하다. 혹시 응급수술까지는 아닐지도 모른다는 희미한 희망을 품고 응급실로 향했지만, 상황은 최악이었다. 외과에서 가장 긴급한 상황 중 하나인 큰 혈관 파열이 의심되는 케이스였다. 신부에게 연락할 방법도 없었고, 그럴 시간도 없었다. 모든 상황이 해결되고 나니 밤 10시가 훌쩍 지나 있었다. 내 절친은 그 사이에 유부녀가 되었고, 나는 그 소중한 순간에 함께하지 못했다.

  많이 슬펐다. 내 시간을 내 마음대로 조절하고 살 수 없는 현실에 자괴감이 밀려왔다.

  지금은 이전보다 어느 정도 시간적 여유가 생겼다. 세상이 어떻게 돌아가는지 뉴스를 꼭 챙겨보고, 주변 사람들을 잘 챙길 수 있는 '사회적 인간'으로 살아가기 위해 노력한다. 이제는 '잃어버린 시절'이 아니라 '잊어버린 시절'이 될 나이가 되어가고 있기 때문이다.

III
―
병원 소리

수술장에서 나는 소리

오전 7시 50분. 오늘의 첫 번째 수술을 위해 환자가 이동침대에 실려 들어온다. 침대가 덜컹덜컹 쇠소리를 내며 수술실에 입장한다. 이 소리는 수술장의 하루가 시작됐음을 알리는 신호다.

고요하던 수술실이 분주해지기 시작한다. 그동안 정적 속에 잠겨 있던 공간이 생명력을 얻는 순간이다. 환자가 수술대로 이동하여 눕게 되면 환자의 상태를 모니터링하기 위한 각종 감시 장치들이 몸에 부착된다. 가장 먼저 혈압계를 팔뚝에 감고 혈압을 잰다. 부우웅… 공기가 들어가며 내는 소리. 이와 함께 수술장 안에는 맥박 소리가 "뚝뚝뚝" 나기 시작한다.

생명의 증거를 알리는 소리다. 뚝뚝뚝. 이 소리가 규칙적으로 이어지는 한, 우리는 안심할 수 있다. 때로는 이 소리의 간격이 좁아지거나 넓어지기도 한다. 맥박이 빨라지거나 느려진다는 신호다. 의료진은 그 소리에 예민하게 반응한다. 소리의 간격이 너무 좁아지거나 넓어지면 모두의 시선이 모니터로 향한다.

마취과 의사, 외과 의사, 간호사 3인이 모여 환자 이름과 수술 부위를 확인하는 "Time out"을 시행한다. "환자분 성함이 어떻게 되시죠?", "환자분 오늘 수술하실 부위가 어떻게 되시나요?", "환자분 오늘 수술명이 무엇이죠?" 등을 의료진 3인이 확인하는 소리가 들린다. 이 과정은 짧지만 중요하다. 잘못된 환자, 잘못된 부위, 잘못된 수술. 이런 실수는 절대 일어나선 안 된다. 그래서 우리는 매번 이 의식을 치른다. 매 순간 처음인 것처럼 집중한다.

이제 드디어 전신 마취를 할 시간이다. 마취과 의사가 마취 주사를 놓고, 마취 가스를 주입시키면서 마취가 시작된다. 환자의 의식이 서서히 사라지는 순간이다. 이후 산소와 마취가스를 계속 공급하기 위해 기관지에 관을 삽입한다. 수술을 하는 동안 자발 호흡이 없이 기계가 호흡을 유지해 준다. 인공호흡기가 바람소리를 내며 산소와 마취가스를 밀어 넣는다. 규칙적인 소리, 마치 파도 소리와도 같은. 푸쉬, 푸쉬. 이 소리는 생명을 유지하는 소리다.

마취를 하고 있는 사이 수술실 바깥쪽에서는 의사와 간호사가 손을 씻는 소리가 들린다. 구석구석 살균소독제로 손과 팔뚝을 닦고 수술실 문을 여는 스위치를 발로 차고 의료진이 들어온다. 스위치를 발로 차는 소리가 꽤 경쾌하다. "탁!". 이제 정말 곧 수술이 시작된다.

수술가운과 글러브를 끼고 모든 준비가 되었다. 이제 집도의가 자리를 잡고 수술 시작을 알린다. "마취과 선생님, 수술 시작하겠습니다." 이 말은 수술방의 주도권이 이제 집도의에게 넘어갔음을 의미한다.

이제 수술장 안의 모든 소리는 집도의에 의해 통제된다. 수술 중에 집도의의 신경을 거슬리는 소리는 절대로 낼 수 없다. 집도의의 안정이 결국 성공적인 수술을 결정하기 때문이다. 집도의가 "메스", "컷", "썩션" 등의 지시를 내리는 소리가 들린다. 간결한 단어들. 중간에 물이나 피를 흡인(썩션)하는 소리가 들린다. 출혈을 지혈하기 위해 사용하는 전기 소작기계의 "지이잉~" 하는 소리도 계속 들린다.

드디어 대장암이 떨어져 나오고 대장을 다시 연결하는 수술 과정이 끝났다. 이제 모두 한숨을 돌릴 수 있다. 가장 중요한 과정이 끝난 것이다. 이 순간이 되면 간혹 집도의가 "간호사님, 음악 좀 틀어주세요"라고 이야기한다. 모든 과정이 무사히 끝나고 나서 집도의가 좋아하는 노래를 틀어준다. 이제는 개복한 배를 닫기만 하면 된다.

음악이 흐르면 수술실의 공기가 바뀐다. 긴장이 풀리고 편안함이 찾아온다. 하지만 여전히 집중은 유지된다. 복부를 닫는 과정도 중요하다. 침대에 누운 환자는 아직 모른다. 자신의 몸에서 암이 제거되었다는 사실을. 그가 그 사실을 알게 될 때 우리는 이미 다른 환자의 수술을 진행하고 있을 것이다.

이제 수술이 모두 마무리되어 간다. 집도의가 말한다. "마취과 선생님, 환자 깨워주세요." 마치 긴 여행을 마치고 돌아오라는 초대장과도 같은 말이다.

이후 수술장 간호사가 병동으로 전화를 한다. "00병동이죠? 수술 예정인 000환자분 수술장으로 보내주세요". 다시 시작되는 일련의 과정을 알리는 신호다.

의식이 없던 환자가 마취에서 깨어난다. 그리고 회복실로 이동하기 위해 2명의 의료진이 달라붙어 이동 침대로 들어 옮긴다. "하나, 둘, 셋." 마취에서 막 깨어난 환자는 힘이 쭉 빠져있기 때문에 꽤 무겁다. 다시 타고 들어온 이동 침대가 쇳소리를 내며 수술실을 퇴장한다. 덜컹덜컹. 아침에 들렸던 소리가 다시 들린다. 하지만 이번엔 출구를 향해 나아간다.

이제 다음 수술을 준비해야 한다. "00수술방 청소해 주세요". 앞선 수술의 잔재를 청소하기 위해 걸레와 쓰레기통을 든 청소 담당자가 앞선 수술의 흔적을 지우고 있다. 쓱쓱쓱 걸레가 지나가고 걸레는 바퀴가 달린 양동이에 담겨 덜덜덜 소리를 내며 다시 수술실을 나간다. 수술의 흔적을 지우는 소리다. 마치 아무 일도 없었다는 듯이. 하지만 방금 이곳에서는 누군가의 생명이 구해졌다.

10분도 채 되지 않아 7시 50분에 들렸던 소리가 다시 들린다. 아, 지금은 10시쯤 되었구나. 시계를 보지 않아도 수술의 흐름으로 시간을 가늠할 수 있다.

다시 이동 침대가 철소리를 내며 들어온다. 다시 처음부터 시작이다. 오늘은 이러한 반복된 소리들을 6번만 더 들으면 끝난다. 수술장 소리는 반복되고 계속된다. 그렇게 시간은 흘러간다.

그러나 매번 같은 소리라도 그 안에는 다른 이야기가 담겨 있다. 누군가에게는 첫 번째 수술일 수도, 마지막 수술일 수도 있다. 내게는 일상이지만, 환자에게는 인생의 전환점이 될 수도 있는 순간이다. 그래서 매일 같은 소리를 들으면서도 그 소리에 귀 기울이게 된다. 결국 의사의 귀에 가장 아름답게 들리는 소리는 수술 후 환자의 첫 숨소리다.

중환자실 소리

중환자실에 들어서면 가장 특징적인 것이 소리이다. 일반 병동과는 완전히 다른 소리로 가득한 공간이 펼쳐진다. 스스로 호흡할 수 없어 인공호흡기에 의지하는 환자들, 생체 징후가 언제 변할지 모르는 환자들이 모인 곳이기에 이곳의 소리는 삶과 죽음의 경계를 끊임없이 오가는 진동이다.

기계들은 쉬지 않고 소리를 만든다. 혈압계, 심전도, 산소포화도 측정기가 끊임없이 숫자로 측정되고, 정상 범위를 벗어날 때마다 경고음이 울린다. "띵-띵-띵" 혹은 "삐-삐-삐". 인공호흡기는 "쒝쒝" 소리와 함께 일정한 간격과 압력으로 산소를 밀어 넣는다. 가래 흡입기는 "쉬익-쉬익" 소리를 내며 환자의 기도를 청소한다. 이동식 침대의 바퀴는 "덜컹덜컹" 소리를 내며 복도를 지나간다. 간호사의 손에 들린 전화기 너머로는 항상 긴급함이 묻어나는 목소리가 흘러나온다. 그곳의 공기는 숨막히게 무겁고, 그 무게는 소리로 전해진다.

낮의 중환자실은 특히 분주하다. 형광등 불빛이 차갑게 반사되는 공간에서 소리는 더 날카롭게 울려 퍼진다. 의사와 간호사들이 쉼 없이 오가며, 각종 시술과 처치가 이어진다. 소리는 겹치고, 고조되고, 흔들리며 공간을 채운다. 낮에는 유독 조명이 밝아서인지 소리도 더 선명하게 들리는 듯하다. 마치 모든 것이 과장되어 있는 것처럼.

하루에 두 번, 이 기계적인 소리의 풍경이 잠시 바뀐다. 면회 시간이다. 중환자실은 감염 위험 때문에 하루에 단 두 번, 정해진 시간에만 가족들이 환자를 만날 수 있다. 의료진들은 이 시간만큼은 가능한 치료나 처치를 미루고, 환자를 가장 정돈되고 안정된 상태로 준비한다.

보호자들은 각자의 방식으로 환자와 소통한다. 의식이 없는 환자의 얼굴을 하염없이 바라보는 사람도 있고, 환자의 영혼은 듣고 있을 거라 믿으며 "용기 내라", "사랑한다", "미안하다"는 말을 속삭이는 사람도 있다. 30분 정도의 짧은 면회 시간이 끝나고 보호자들이 썰물처럼 빠져나가면, 중환자실은 다시 기계적인 소리로 채워진다.

전공의 시절, 가끔은 내 환자의 상태가 위중해 밤을 지새워야 할 때가 있었다. 당직실에 올라갈 여유도 없어서 비어 있는 중환자실 침대에 몸을 누이고 잠을 청한다. 이상하게도, 주치의가 중환자실에 함께 있으면 환자의 상태가 호전되는 경우가 있다. 마치 나의 정성이 통했다는 듯이. 어쩌면 그것은 의사가 믿고 싶은 환상일지도 모른다. 그러나 그 환상이 주는 위로는 크다.

밤의 중환자실은 낮과는 또 다른 세계다. 조명이 어두워지고, 환자들도 잠을 청한다. 낮에 정신없이 울려 퍼지던 기계음도 한결 간결해진다. 적막 속에서 들리는 소리들은 더욱 선명하게 의식 속으로 파고든다. 그곳에서 밤을 지새우다 보면, 모든 공간이 조용하고 고요하여 이 환자들이 내일이면 일반 병동으로 올라갈 것 같은 착각에 빠진다. 하지만 아침이 오면 현실은 여지없이 다시 시작된다. 환자들, 의료진들, 보호자들은 다시 병과의 사투를 벌여야 한다.

때로는 중환자실의 밤이 극도로 소란스러워지는 순간이 있다. 환자 한 명이 생사의 경계를 넘어가려 할 때다. 그런 밤은 모든 소리가 날카롭고 긴박하다. 의료진들의 발소리는 빨라지고, 기계 알람은 더욱 빈번하게 울린다. 긴급한 지시가 오가고, 약물이 급하게 주입된다. 공기 중에는 긴장감이 맴돈다. 그러다가 환자가 생을 마감하는 가장 슬픈 순간도 찾아온다. 가족들이 마지막 인사를 나누는 동안, 중환자실은 지극히 인간적인 울음소리로 채워진다. 특히 밤에 이런 일이 벌어지면, 고요한 배경 속에서 그 슬픔의 소리는 더욱 선명하게 박힌다.

생의 마지막 순간까지 환자 주변에서는 소리가 넘쳐난다. 응급 알람소리, 인공호흡기의 기계적인 소리, 혈액 투석기의 웅웅거림, 가래 흡입기의 소음. 그러나 환자가 사망하는 순간, 모든 소리는 갑자기 멈춘다. 달려 있던 모든 기계의 전원이 꺼지고, 더 이상의 기계음은 들리지 않는다. 생명이 거두어지는 순간, 의료진의 손이 하나둘 스위치를 내리면서 모든 것이 침묵에 잠긴다. 남는 것은 곁에서 울고 있는 가족들의 흐느낌뿐이다.

중환자실의 소리는 지극히 기계적이고 차갑다. 하지만 이 소리들이 갑자기 사라질 때, 그 침묵은 더 이상 존재하지 않음을 의미한다. 그래서 중환자실에서는 소리가 계속 나야만 한다.

살아 있다는 것은 소리를 내는 것이다. 숨을 쉬는 소리, 심장이 뛰는 소리, 그리고 그것을 감지하는 기계의 소리까지. 소리가 멈추면 생명도 멈춘다. 중환자실에서 가장 두려운 것은 소음이 아니라 침묵이다. 소리는 그 자체로 희망이고, 침묵은 그 자체로 이별이다.

응급실의 성난 소리

　환자가 밤이나 휴일에 응급실 문을 두드리기까지는 얼마나 많은 결단의 순간들을 거쳐야 하는지 모른다.

　밤중에, 또는 모두가 쉬는 휴일에 병원을 찾는다는 것은 평범한 일상이 멈춘다는 의미다. 응급실에 가야 할 만큼 심각한 것인지, 아니면 날이 밝기를 기다려 동네 병원을 찾는 것이 나을지. 자가용을 타고 갈지, 119를 불러야 할지. 대학병원을 찾아야 할지, 가까운 동네병원 응급실로 가도 될지. 가족 중 누가 동행해야 할지, 내일 중요한 회의는 어떻게 해야 할지. 이런 선택지들 사이에서 갈등하다 마침내 응급실에 도착한 환자와 보호자들의 마음속은 이미 걱정과 긴장, 위급함으로 가득 차 있다.

　특히 환자가 어린 아이이거나 노령의 부모님인 경우, 보호자들의 심리적 절박감은 상상을 초월한다. 의학드라마에서 본 한 장면이 떠오른다. 열이 난 아이를 데리고 온 어머니가 왜 자신의 아이를 가장 먼저 보지 않느냐며 울부짖었다. 나중에 알고 보니 그 보호자는 평소에는 소아청소년과 의사였다. 하지만, 그 순간만큼은 의사가 아닌 그저 아픈 아이의 엄마였을 뿐이다.

추운 날씨에 갑자기 쓰러진 아버지를 모시고 온 자식의 경우도 마찬가지다. 아버지를 잃을지도 모른다는 공포에 시간은 끝없이 느리게 흐른다.

이렇게 각자의 무거운 심리적 짐을 짊어지고 도착한 응급실. 그런데 그곳에 와서 보게 되는 현실은 의외로 냉정하다. 나만 응급이 아니라는 것. 내 앞에 수십 명의 또 다른 응급 상황의 환자들이 가득하다는 것. 이곳에서는 모두가 자신의 상황이 가장 급하다고 믿는다.

병의 중증도를 떠나서, 응급실까지 왔다는 것은 본인에게는 촌각을 다투는 상황이다. 그러나 응급실의 의료진에게 이것은 매일같이 마주하는 일상이다. 그들은 의학적 응급성에 따라 치료 순서를 정한다. 모든 사람을 동시에 응급으로 다룰 수는 없는 노릇이다.

프랜차이즈 커피숍에서는 주문 순서대로 음료가 제조된다. 카페인이 떨어져 무기력에 빠진 사람이 아무리 재촉해도 그 원칙은 지켜진다. 하지만 응급실에서는 다르다. 생명을 다루는 곳이기에 방문 순서만이 절대적인 기준이 될 수 없다. 골든타임을 넘기면 회복이 불가능한 뇌졸중이나 심근경색 환자는 당연히 최우선 순위가 된다.

대학병원 응급실을 찾으면 대부분 다음과 같은 과정을 거친다.

밤 11시, 67세 남자 환자가 심한 복통으로 응급실에 도착했다고 가정해보자. 앞서 내원한 30명의 환자들 순서가 끝나야 간호사를 만날 수 있다. 증상과 기저질환을 물어보고 응급실 의사에게 전달한다. 그런데 응급실 의사는 다른 방에서 심폐소생술 중이다. 당장 진료가 불가능하다. 앞에 초응급 환자가 두 명 더 있어 기다려야 한다는 말을 듣는다.

30분 후 의사가 와서 자세한 진찰과 증상 확인 후 필요한 검사들을 지시한다. 혈액검사, X-ray, CT 등 각각의 검사를 위해 다시 대기한다. 채혈을 하러 가니 또 기다려야 한다. 이미 앞에 많은 사람들이 기다리고 있기 때문이다. 채혈 후 CT 검사를 위해 기다리는데, CT도 이미 여러 명이 줄 서 있다. 30분 정도면 검사할 수 있다고 했는데, 병동 환자의 상태가 갑자기 나빠져 순서가 밀렸다고 한다.

1시간의 기다림 끝에 검사가 이루어지고 나면, 결과가 나올 때까지 또 기다린다. X-ray나 CT는 영상의학과 의사가 직접 소견을 확인해야 하는데, 그 의사는 중환자실에 있는 응급환자의 초음파 검사를 하러 갔다고 한다. 그가 돌아올 때까지 기다려야 한다.

마침내 검사 결과가 나왔으나, 이를 확인해야 할 응급의학과 의사는 다른 방에서 약물 중독 환자의 위세척 중이다. 또 기다린다. 응급실 방문 후 3-4시간 만에 자신의 상태를 듣게 된다. 대장암으로 인해 장이 막혀서 그렇다고 한다. 대장암 외과 전문의 진료가 필요하다는 말을 듣는다.

하지만 대장암 외과 전문의는 지금 응급수술 중이다. 전공의가 교수에게 보고한 후 보러오겠다고 한다. 20분 후 전공의가 와서 이전에 물었던 내용을 또 묻고 또 진찰한다. 교수와 상의 후 알려주겠다고 하고 떠난다. 또 기다린다.

긴 기다림 끝에 외과로 입원해야 한다는 말을 간호사를 통해 듣는다. 그러나 병실이 마련되지 않았다고 한다. 다시 기다린다. 응급실 도착 후 5-6시간 만에 마침내 입원하게 된다.

대장암으로 인한 복통은 환자에게 매우 고통스럽다. 하지만 뇌졸중이나 심근경색 같은 초응급은 아니므로, 위와 같은 기다림의 과정을 모두 거쳐야 한다.

그 과정에서 환자와 보호자들은 밤새 기다림에 지치고, 통증은 점점 심해지는 것 같고, 언제 이 상황이 끝날지 모르는 막연함에 시간이 갈수록 예민해진다.

그래서 응급실에서는 이런 소리가 자주 들린다. "응급실에 들어온 지가 언제인데 왜 아직도 의사는 보러 오지 않느냐?" "검사한 지가 언제인데 도대체 언제 결과를 알려주는 것이냐?" "같은 증상을 왜 오는 의사마다 다시 물어보는 것이냐?" "배가 아파 죽겠는데 왜 빨리 치료하지 않느냐?" "언제 입원할 수 있는 것이냐?"

시간적으로, 육체적으로, 심리적으로 모두 지치고 화가 난 상태다. 하지만 응급실 의료진은 매일 이런 상황을 마주하기에 환자나 보호자가 바라는 수준의 반응을 하지 못한다. 그것이 환자와 보호자를 더 화나게 만든다.

응급실에 있으면 세상에서 가장 절박하게 화난 소리와 성난 소리를 듣게 된다. 안타깝고 해결해 주고 싶지만, 내일도 똑같은 소리가 들릴 것이다.

독일의 철학자 쇼펜하우어는 생존 의지는 인간의 행동을 이끄는 가장 근원적인 힘이라고 이야기하였다. 응급실의 소리들은 고통과 불안, 절망이 뒤섞인 인간의 가장 본능적인 외침이다. 그 소리 속에는 살아남고자 하는 의지와 사랑하는 이를 지키려는 간절함이 담겨 있다.

병원 교회 예배당에서 들리는 소리

　의사라는 직업은 늘 역설적인 상황에 놓인다. 생명을 살리는 일을 하면서도 인간의 한계를 가장 많이 마주하는 직업이기 때문이다. 나의 전문 지식과 경험을 총동원해도 어찌할 수 없는 상황들, 육체적으로 너무나 고된 환경들, 나 자신의 한계를 직면하면서 느끼는 절망의 순간들이 의사 생활에는 허다하게 존재한다.

　그런 순간들이 찾아올 때마다 나는 병원 교회 예배당으로 달려갔다. 다행히도 내가 근무하는 병원에는 울타리 안에 작은 교회가 있다. 새벽부터 밤 10시까지 항상 문이 열려 있어 어느 때든 들어가 기도를 드릴 수 있다. 이곳은 내게 평안을 제공하는 공간이었다. 의과대학생 시절부터 힘들 때마다 이 예배당에서 기도했고, 때로는 그저 벽에 걸린 십자가를 멍하니 바라보는 것만으로도 위로가 되고 힘이 났다.

예배당은 언제나 조용하다. 그러나 완전한 정적은 아니다. 그곳에는 늘 누군가의 기도 소리가 공기를 진동시킨다. 사람들은 이곳에 와서 각자의 절박함을 쏟아낸다. 대부분은 환자의 보호자들이다. 많은 이들이 마음의 무게를 견디지 못하고 소리 내어 기도한다. 속삭임에서 울부짖음까지, 그 소리의 크기는 다양하지만 절실함의 깊이는 모두 같다.

어느 날, 나는 내 고민을 안고 예배당에 들어섰다. 앞쪽 자리에 한 여성이 앉아 있었다. 그녀는 소리 내어 기도하고 있었는데, 작지 않은 목소리 덕분에 그 내용이 내게도 들려왔다. 그녀의 아이가 어린이 병원에 입원 중인 것 같았고, 상태가 좋지 않아 보였다. 그녀의 기도는 울부짖음에 가까웠다. "제발 살려주세요", "우리 아이에게 고통을 주지 마세요", "차라리 저에게 그 고통을 주세요". 모성의 절박함과 무력감이 예배당 안을 채웠다.

또 다른 날에는 중년 여성의 기도가 들려왔다. 그녀의 남편이 중환자실에 있는 듯했다. 남편의 고통, 아버지를 잃을지도 모르는 자녀들에 대한 걱정, 남편을 떠나보낼 수 없다는 절망. 그녀의 목소리에는 삶이 무너지는 소리가 담겨 있었다. "제발 살려주세요", "아직 할 일이 많습니다", "우리 아이들에게 아빠가 필요합니다".

이런 소리들을 듣다 보면, 내 자신의 고민은 어느새 뒤로 물러난다. 처음에는 내 문제를 가지고 기도하러 왔는데, 이름도 모르고 얼굴도 본 적 없는 저 기도 소리의 주인공들을 위해 기도하고 있는 나를 발견한다. 개인적 친분이 없는 누군가를 위해 눈물을 흘리며 기도해 본 적이 없었는데, 병원 교회 예배당에 앉아 있다 보면 어느새 그런 기도를 하고 있다.

의사로서 나는 환자를 객관적으로 진찰하고, 냉정하게 병을 판단하고, 정확하게 치료 방향을 결정해야 한다. 그러나 환자와 가족들에게 병은 단순한 의학적 상태가 아니라 삶의 균열이요, 존재의 위기다. 예배당에서 들려오는 기도 소리는 그 균열의 깊이를 나에게 전달한다. 의학 교과서에는 나오지 않는, 병이 만들어내는 영혼의 울림을 들려준다.

때로는 기쁨의 소리도 들린다. "감사합니다", "기적을 베풀어 주셨습니다". 그런 소리를 들으면 나도 모르게 미소 짓게 된다. 누군가의 생명이 위기에서 벗어났다는 소식은 의사인 나에게도 큰 위안이 된다.

삶의 고통과 환난 가운데 힘든 사람이 있다면, 병원 교회 예배당에 가서 그곳에서 들리는 소리를 조용히 듣기를 권한다. 그곳에는 인간 존재의 가장 원초적인 언어가 울려 퍼진다. 사랑하는 이를 잃지 않기 위한 절박함, 고통 속에서도 희망을 놓지 않으려는 의지, 자신의 운명을 받아들이는 겸손함이 소리가 되어 공간을 채운다.

사이렌 소리

인턴 시절, 제주도의 어느 병원 응급실로 한달 간 파견을 갔다. 한 달이라는 시간은 길게도, 짧게도 느껴질 수 있지만 응급실 당직의에게는 하루하루가 한달과도 같았다.

그곳의 당직실은 응급실 정문과 맞닿아 있는 문간방 같은 공간이었다. 특별할 것 없는 그 작은 방에는 널찍한 창문이 있어 바깥 세상 소식을 알려 준다. 구급차가 도착했다는 것을 사이렌 소리와 초록색 비상등 불빛이 그 창문을 뚫고 들어올 때 알 수 있다.

새벽 2-3시, 잠시 당직실에서 눈을 붙였을 때, 고요한 적막을 뚫고 멀리서부터 사이렌 소리가 들려왔다. 그 소리는 점점 커지면서 내 의식을 흔들어 깨웠다. 잠시 후에는 반짝이는 초록색 불빛이 당직실의 큰 창문을 통해 스며든다. 그 순간 나는 간절히 기도했다.

제발 다른 병원으로 향하는 구급차이기를. 하지만 동시에 나는 알고 있었다. 이 지역에서, 이 시간에, 이 응급차가 갈 수 있는 곳은 여기밖에 없다는 것을.

수십 초 후, 이동형 침대차가 덜컹덜컹 끌리는 소리가 들렸다. 그리고 곧이어 간호사들이 달려나가며 환자 상태를 확인하는 목소리. 그 소리를 들으면 나는 생각했다. '아, 이제 나를 부르러 오겠구나.'

일상에서 사이렌 소리를 들을 때, 대부분의 사람들은 잠시 귀를 기울이다가 차선을 비켜주는 정도로 반응을 할 뿐이다. 여러 대의 구급차가 동시에 지나갈 때만 '무슨 큰 사고가 났나?' 하고 잠시 궁금해할 뿐. 하지만 응급실 당직의에게 들리는 사이렌 소리는 전혀 다른 의미를 가진다.

그 소리는 신경을 곤두세우게 한다. '심폐소생술이 필요한 환자인가?' '우리 병원에서 감당할 수 없는 질병은 아닐까?' 불안과 긴장이 뒤섞인 생각들이 머릿속을 스쳐 지나간다. 하지만 이런 걱정은 몇 십 초에 불과하다. 환자가 들어오면 모든 생각은 사라지고, 오직 눈앞의 환자만 보이게 된다. 정신없이 진료를 하다 보면 시간은 훌쩍 지나가 버린다.

그렇게 한 환자를 간신히 해결하고 당직실로 돌아와 잠시 나의 뇌와 심장, 팔다리를 쉬게 하려는 순간, 또다시 사이렌 소리가 들려올 때가 있다. 다시 시작이다. 정신을 번쩍 차리고 응급실로 달려 나간다. 그 짧은 휴식마저 허락하지 않는 사이렌 소리.

응급실 당직의에게 사이렌 소리는 곧 벌어질 사투의 예고편이다. 잠시 풀어진 몸과 마음을 바짝 조이게 하는 채찍과도 같다. 솔직히 말하면, 굉장히 듣기 싫은 소리다.

하지만 우리가 그 소리를 듣고 응급실로 달려가는 이유는 그 사이렌 소리가 나는 차 안에, 누군가가 고통에 몸부림치며 응급실에 도착하면 나아질 거라는 희망을 품고 외롭게 누워있기 때문이다. 사이렌 소리는 그 사람의 아픔과 두려움, 그리고 희망을 세상에 알리는 신호다.

그 소리는 누군가의 생명이 위태롭다는 것을 알리는 외침이며, 동시에 그 생명을 구하기 위해 누군가는 잠에서 깨어나 달려가야 한다는 약속이기도 하다. 사이렌 소리가 멈추는 곳에서, 생명을 향한 우리의 분투는 시작된다.

외래에서 들리는 소리

　외과 외래를 방문하는 환자들은 크게 두 부류로 나뉜다. 수술을 앞둔 환자와 이미 수술을 마친 환자. 이 둘은 외래 진료실 문턱에서 각기 다른 무게의 감정을 지닌다. 수술 전 환자들은 앞으로의 여정에 대한 불안과 긴장을 품고, 수술 후 환자들은 안도와 고통 사이의 미묘한 균형을 유지하며 진료실을 찾는다.

　나는 종종 같은 외래 대기실에 앉아 있는 이들의 표정을 관찰했다. 수술을 앞둔 이의 눈빛에는 말로 형용하기 어려운 긴장이 서려 있다. 같이 온 보호자의 손을 꼭 잡고, 문이 열릴 때마다 숨을 고르는 모습이 역력하다. 반면 수술을 마친 이들에겐 일종의 해방감이 느껴진다. 그것은 단순한 안도가 아니라 무언가를 통과한 사람만이 갖는 깊은 평온함이다.

대학병원 외과 외래는 항상 붐빈다. 예약된 시간이 무색하게 대기 시간이 1~2시간을 넘기는 일은 흔하다. 처음에는 나도 이 상황이 불편했다. 환자들에게 미안함과 함께 일종의 죄책감을 느꼈다.

긴 기다림 끝에 흔히 들리는 항의의 목소리는 수술 여부에 따라 온도가 다르다. 수술을 마친 환자들은 병동에서 의사가 겪는 일상을 이미 목격한 이들이다. 응급수술을 위해 달려가는 뒷모습, 야심한 시각에 이루어지는 회진의 피로감, 시간에 쫓기며 겨우 밥 한 술 뜨는 모습까지. 그래서인지 그들은 의사의 입장을 이해하며 웬만한 기다림은 묵묵히 견딘다. 반면, 병원을 처음 찾은 환자들에게 기다림은 초조함과 불만을 키운다. 아무것도 정해지지 않은 치료계획과 앞날의 불확실성은 작은 일에도 쉽게 분노를 터뜨리게 만든다.

그런데 이러한 외래에서 재미있는 풍경이 벌어진다. 빈 진료실에서 업무를 하고 있으면 옆방에서 이루어지는 진료를 위해 대기하는 환자들끼리 오고 가는 대화가 들려온다. 벽 너머로 들려오는 대화 속에는 불안과 걱정, 그리고 연대가 깃들어 있다.

"어떻게 하다가 진단받으셨어요?" "건강검진하다가 우연히 알게 됐어요." "어느 쪽에 있다고 해요?" "항문 가까운 쪽이라던데요." "여기 교수님은 웬만하면 항문을 다 살려요. 걱정 안 하셔도 돼요."

처음 듣기에는 의학적으로 정확하지 않은 정보가 오가는 것 같아 개입해야 할까 고민했다. 하지만 곧 그 대화 속에 담긴 의미를 알게 되었다. 그것은 정보의 교환이 아니라 위로의 언어였다.

"수술하고 나면 얼마나 입원해야 하나요?" "일주일쯤 입원하면 되는 것 같아요." "퇴원 후에 회복은 얼마나 걸릴까요?" "한 달 정도면 예전처럼 생활할 수 있어요. 수술 후에는 걷는 게 중요하다고 해요. 저는 하루에 30~40분씩 걸었어요."

수술을 먼저 경험한 '선배' 환자와 이제 막 치료를 시작하려는 '후배' 환자 사이의 대화는 의료진이 미처 전달하지 못한 현실적인 조언으로 가득하다. 처음 만난 이들이라기엔 서로에게 내어주는 말들이 사뭇 따뜻하다. 선배는 자신의 경험을 나누고자 하고, 후배는 그 이야기를 귀 기울여 듣는다.

수술을 경험한 그의 말 한마디가 처음 수술을 앞둔 환자에게 주는 안정감은 의사인 내가 아무리 전문적인 설명을 해도 따라갈 수 없는 것이다. 경험에서 우러난 조언은 의사의 설명 그 이상의 위로와 용기를 준다.

어떤 날은 "이 의사 선생님은 OOO 해서 불만이다"와 같은 이야기가 오고 가는 것을 들었다. 그 순간에는 나서서 해명하고 싶은 마음이 들었지만, 그런 대화 역시 환자들의 불안을 함께 나누는 방식이라고 이해하게 되었다.

의사인 나 또한 비슷한 경험을 한다. 환자에게 진단과 치료 계획을 설명할 때, 내가 같은 검사를 받아봤거나 비슷한 치료를 겪었던 경우 그 경험을 녹여 이야기하면 환자들은 눈에 띄게 안도한다. 예를 들어, 조직검사에 대해 단순히 "별거 아닙니다"라고 말하는 대신, "제가 직접 받아봤는데 약간 따끔한 정도였고, 끝나고 나면 별로 아픈 느낌은 없었어요"라고 하면 환자들은 안심한다. 그 작은 경험의 공유가 신뢰를 만든다.

외래 진료실은 단순히 의학적 처방이 오가는 공간만은 아니다. 그곳에는 자신이 겪은 병과 치료에 대한 두려움을 나누고, 회복을 위해 해 본 다양한 노력들을 교환하는 작은 커뮤니티가 형성된다. 코로나 팬데믹 이후로 이런 대화의 기회가 줄어들고 있는 것이 아쉬운 현실이지만, 여전히 환자들끼리 나누는 이야기는 치료 과정의 중요한 부분으로 남아 있다.

혹여 병원을 방문하게 된다면, 대기실에서 들려오는 이야기들에 귀 기울여 보길 권한다. 그곳에 담긴 현실적인 조언과 따뜻한 연대감은 진료실 안에서 얻을 수 없는 또 다른 위로가 될 것이다. 병의 무게는 나눌수록 가벼워지고, 치유의 길은 함께 할수록 덜 외롭다.

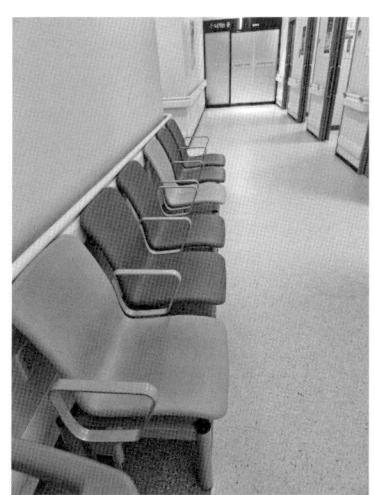

외래 대기실 의자들
이곳에서 오가는 이야기에 귀 기울여 보자.

당직실의 백색소리

외과 전공의 삶은 병원 안의 세상이 전부였다. 퇴근이라는 개념이 사라진 일상 속에서, 당직실은 내 집이자 유일한 도피처였다. 주중에는 물론, 주말조차 병원을 떠날 수 없는 날들이 이어졌다. 그렇게 인턴 생활을 포함하여 4-5년 동안 나는 병원의 당직실 침대에서 나의 밤들을 보냈다.

당직실은 아늑함과는 거리가 먼 공간이었다. 약 3평 남짓한 방 한구석에 두 개의 2층 침대가 기역자로 맞붙어 있었다. 그 옆에는 간이 화장실이 딸려 있었지만, 제대로 몸을 씻거나 머리를 감을 시간적 여유 따위는 허락되지 않았다.

특별히 나에게 배정된 침대가 있는 것도 아니었다. 하루를 마치고 방에 들어오면 가장 먼저 눈에 띄는 빈 침대에 몸을 던졌다. 그 침대는 나와 다를 바 없이 피곤에 지친 동료 의사의 흔적이 남아 있었다. 더 사실적으로 표현한다면 며칠 동안 머리도 감지 않고 샤워도 하지 못한 동료 의사의 흔적이 남아 있는 침대였다.

하지만 병원 당직실의 침대는 생존을 위한 막다른 곳이기에 누군가의 흔적을 느끼거나 꺼릴 여력 따위는 없었고, 그저 하루 중 가장 행복하고 찰나 같은 순간을 맞이하는 곳이었다.

당직실은 보통 환자들이 입원 중인 병동의 복도에 있다. 대개 당직실이라는 안내문이 써 있지 않아 환자 병동의 그림자 같은 곳이다. 내가 전공의를 할 당시에는 방음이 전혀 되어 있지 않았다. 자다 보면 갖가지 소리가 들린다. 밤이 깊어질수록 다양한 소리가 어둠 속에 섞여 흘러들어온다.

당직실 앞 사진

야심한 밤 침대 바퀴 소리

 종합병원의 밤은 완전한 고요에 잠기지는 않는다. 특히 늦은 밤과 새벽, 병원의 복도를 가로지르는 환자들의 이동은 묘한 긴장감을 불러일으킨다. 이동식 침대 위에 누운 환자들이 응급 검사나 진찰을 위해 이송될 때, 철제로 된 침대가 내는 드르륵 소리는 적막을 뚫고 병원 곳곳에 울려 퍼진다. 덜커덩거리는 진동과 끽끽거리는 금속 소리가 뒤섞여 당직실 문 안으로 스며든다.

 야심한 밤 이동식 침대의 소리는 단순한 이동의 신호가 아니다. 이 시간에 환자가 이동한다는 것은 곧 위급 상황을 의미한다. 고요한 복도를 가르는 소리에는 긴장 섞인 불안감이 깔려 있다.

 침대의 동선에 따라, 소리가 점점 커지다가 점점 작아진다. 그리고 한참 뒤 다시 소리가 들리기 시작하다가 결국 사라진다. 그때마다 미지의 상황이 만들어내는 긴장이 떠오른다. 동료 의사 중 누구의 환자일까? 결과는 괜찮을까? 밤새 더 안 좋은 상황이 벌어지지는 않을까? 무엇이 저 침대 위에 누운 사람을 이토록 급하게 움직이게 하는 걸까? 의식이 있을까, 아니면 이미 사라졌을까?

 때로는 방문 너머로 들려오는 소리만으로도 누군가의 생사가 어딘가에서 팽팽히 맞서 싸우고 있음을 느낄 수 있었다.

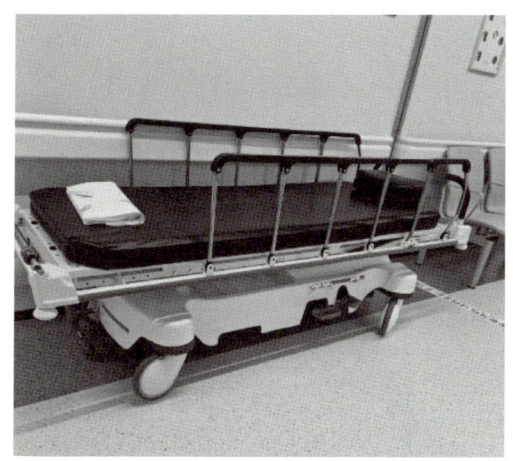
한밤중 병원 복도를 이동하던 이동식 침대

운동하는 환자들 소리

외과 환자들 중 개복 수술을 한 환자들은 수술 후 장 유착을 예방하기 위해 하루 종일 병동을 걸어 다닌다. 개복 수술을 받은 환자가 합병증을 예방하고, 빨리 회복하기 위해서 할 수 있는 유일한 활동이다. 대부분의 환자들은 수액 주사를 맞고 있기에 수액 걸이를 밀며 돌아다닌다. 이동식 병원 침대에 비해 소리가 다소 간결하고, 가볍다.

낮에 운동을 하러 다니기에는 복도에 환자와 의료진이 많고, 중간중간 검사하거나 진찰을 받을 일도 많아 분주하다. 하지만 밤 시간이 되어 잠도 오지 않고, 입원 병동이 어둠 속에 한적해지면, 환자들은 나와서 걷기 시작한다. 돌돌돌돌 소리와 함께 슬리퍼를 끌고 가는 발소리가 들린다. 수술에서 잘 회복하여 건강한 삶으로 돌아가고 싶어 하는 환자의 의지가 담긴 소리다.

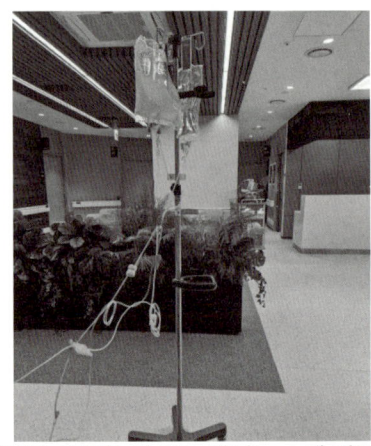

환자가 이동할 때 밀고 다니는 수액 걸이

의사를 찾는 병원 방송 소리

간혹 야심한 밤 의사를 찾는 방송이 들려온다. 간호사는 담당환자에게 특이 사항이 있어 당직의에게 알리기 위해 삐삐나 핸드폰으로 연락을 해도 응답이 없으면, 최후의 보루로 병원 방송을 내보낸다. "홍길동 선생님, 64병동으로 연락주세요." 본인에게는 몹시 창피한 소리지만, 듣고 있는 제3자에게는 재미있다. "녀석... 또 잠들어서 콜을 놓쳤군." 그 다음날 당사자를 만나면 다들 같은 말을 한마디씩 한다. "너 어제 방송 탔더라."

심폐소생술팀 호출 소리

당직실에서 자다가 가장 듣기 싫은 소리는 응급 상황을 알리는 방송 소리다. "CPR팀 64병동으로, CPR팀 64병동으로". (CPR팀이란 심정지와 같은 응급상황이 발생했을 때 신속한 대응을 위해 즉각 대응하는 의료팀으로, CPR은 심폐소생술을 의미한다) 아주 간략한 두 마디에 야밤의 당직실은 1초만에 대낮으로 바뀌고, 모두 일어나 뛰쳐나간다. 특히 방송에서 지시하는 병동이 내가 담당하는 곳이라면, 당직실에서 병동까지의 100m도 안 되는 거리가 1km처럼 멀게만 느껴진다. 머릿속에는 내 환자들의 이름이 주마등처럼 스쳐간다. "아까 홍길동 환자가 좀 힘들어 보였는데, 그분이 안 좋아진 건가?" 주치의의 간담을 서늘하게 하는 당직실 소리다.

보호자들의 이야기 소리

환자 보호자가 환자를 피해 복도 쪽으로 나와 다른 사람과 이야기를 나누는 소리도 들린다. 보통 환자나 보호자들은 작은 당직실 문 뒤에 의사들이 잠을 자고 있을 거라고는 상상하지 못한다.

보호자들의 대화는 대개 두 가지로 나뉜다. 하나는 간병을 직접 하는 보호자에게 다른 보호자들이 수고가 많다고 노고를 치하하는 소리다. "아버지가 저만하시길 정말 다행이야. 길동아, 네가 고생이 정말 많다. 여기 얼마 안 되는데 병원비에 보태."

또 하나는 병의 상태나 치료 후 경과에 대해 환자 앞에서는 차마 못했던 얘기를 보호자들끼리 나와서 안타깝게 나누는 것이다. "수술하고 조직 결과가 나왔는데, 암이 다 퍼졌다고 아까 교수님이 나한테 이야기하고 가셨어. 이거 아버지한테 이야기를 해야 할까? 우리 아버지 어떻게 하면 좋아…" 하면서 보호자들이 서로 울며 이야기하는 것이다.

2002년 2월 말, 처음으로 인턴 생활을 하며 당직 생활을 시작했을 때는 당직실에서 들리는 소리들이 나를 깨우지는 못했다. 당시에는 새로운 환경에 하루 종일 극도의 긴장상태를 유지하며 3-4시간밖에 잠을 자지 못하는 상황이었다. 베개에 머리를 대는 순간 잠이 들었고, 알람 시계나 호출 삐삐, CPR 방송이 울리기 전까지는 어떤 소리도 나를 깨우지 않았다. 저년차 전공의 때도 그랬다.

희한한 일이다. 모두 비슷한 크기의 소음인데 어떻게 알람시계, 호출 삐삐, 핸드폰 벨소리, CPR 방송에만 정신이 번쩍 날 수 있었는지 모르겠다.

이제 40대 후반이 된 나는 모든 소리에 잠을 깬다. 이전보다 응급하게 일어날 일도 줄어들었고, 원하는 만큼 잠을 잘 수 있는데, 핸드폰에서 작게 들리는 메시지 수신음에도 깨고, 소리가 나지 않아도 몇 번을 깬다. 머리만 대면 깊은 잠에 빠지던 그 시절이 그립다고 할 수는 없지만 뭔가 안타깝다.

　우리의 감각은 선택적으로 작동한다. 당직실의 소음 속에서도 필요한 신호만 걸러내던 그 시절의 청각은, 어쩌면 생명을 살리기 위한 본능이었는지도 모른다.

의사의 핸드폰 벨소리

나의 인턴과 전공의 시절, 그때는 핸드폰보다는 삐삐가 더 익숙한 시기였다. 삐삐가 울리면 공중전화를 찾아 헤매던 그 시절, 의사들에게 삐삐는 분신과도 같았다.

그래도 전공의 2년 차쯤 되었을 때부터 본격적으로 핸드폰을 사용하기 시작했다. 요즘처럼 다양한 벨소리가 제공되던 시절은 아니었다. 그저 통신사에서 제공하는 몇 가지 벨소리 중에서 고르는 정도였다. 그럼에도 나는 그 작은 선택에 의미를 두었다. 병원의 딱딱한 일상 속에서 작은 자유를 누리고 싶었던 것일지도 모른다.

계절에 따라 바꿔 들을 음악을 고르는 일은 내게 소소한 즐거움이었다. 여름에는 비발디의 클래식을, 겨울에는 머라이어 캐리의 "All I Want for Christmas Is You"를 설정했다. 평화롭고 경쾌한 소리들이 그 당시에 내게 작은 위안을 줄 것 같았다. 하지만 그것은 내 순진한 바람일 뿐.

핸드폰 벨소리가 울릴 때마다 전해지던 소식은 대부분 평화롭지 않았다. "OO 환자 상태가 급격히 악화되었습니다," "응급실입니다. 지금 교통사고 후 장이 천공된 환자가 왔습니다."와 같은 소식이 대부분이었다.

특히 새벽 당직실. 그곳의 고요함을 가르고 울리는 벨소리는 공포 그 자체였다. 순간 심장이 덜컥 내려앉고, 귀에 들리는 음악조차 잔혹하게 느껴졌다. 비발디의 선율은 더 이상 평화롭지 않았다. 그것은 누군가의 위급한 상황을 알리는 경고음이다.

반복되는 밤들이 쌓이며, 평온함의 상징인 비발디의 음악도, 연말의 흥겨움을 담은 머라이어 캐리의 노래도 점차 나를 짓누르는 고통의 소리가 되었다. 한때는 좋아했던 음악들이 어느 새 불안과 두려움을 불러일으키는 방아쇠가 되어버렸다. 마치 파블로프의 개처럼, 나는 그 소리에 조건화되어 있었다. 벨소리가 울리면 내 몸은 긴장했고, 마음은 이미 최악의 상황을 준비하고 있었다.

사람은 자신도 모르게 기억의 함정에 빠진다. 특정한 소리, 냄새, 장소가 과거의 순간을 불러일으키는 것. 심리학자들은 이를 '조건반사'라고 부른다.

15년이 넘는 시간이 흘렀다. 인턴과 전공의 생활은 이미 지나간 과거가 되었고, 나는 이제 핸드폰 출고 시 설정되어 있는 전형적인 핸드폰 제조사의 벨소리만을 사용한다. 클래식을 즐기는 취향도 아니었기에 비발디의 음악을 다시 들을 일은 없었다. 그런데 어느 날, TV에서 비발디의 바로 그 음악이 흘러나왔다. 사람들은 모두 평화로운 그 멜로디에 취해 귀를 기울이고 있었지만, 나만은 달랐다.

음악이 흐르는 순간, 나는 소리를 지르며 방으로 뛰어들어갔다. "내가 제일 싫어하는 음악이야!" 한순간에, 그때의 기억들이 되살아났다. 새벽의 어두운 병동, 벨소리가 전하는 비보들, 끝없이 이어졌던 스트레스의 기억이 눈앞에 펼쳐졌다. 음악이 흐르는 동안 나는 다시 전공의 시절로 끌려가 버렸다.

우리의 기억은 이상한 곳에 저장된다. 때로는 노래 속에, 때로는 향기 속에. 그리고 그 기억은 우리가 원하지 않는 순간에 불쑥 찾아온다.

사실, 비발디는 내게 잘못한 게 없다. 그의 음악은 여전히 수많은 사람들에게 평화를 전하고 있을 것이다. 그럼에도 나는 여전히 그 음악을 견딜 수 없다. 아마도 그 음악은 내 기억을 입고 다니기 때문일 것이다. 비발디의 선율은 누군가에겐 평화와 안정의 상징일지 몰라도, 내게는 전공의 시절 핸드폰 벨소리와 연결된 긴장감으로 각인되었다.

마르셀 프루스트의 "잃어버린 시간을 찾아서"에 나오는 마들렌 효과와 비슷하게 우리의 과거는 어떤 냄새나 소리에 의해 불현듯 되살아나고, 그것은 우리가 기억하고 싶지 않은 순간까지도 완벽하게 재현하게 된다. 나에게 비발디와 머라이어캐리의 음악은 그런 것이다. 한 시절의 고통을 고스란히 담아낸 소리의 기억이자, 의사로서의 나를 만들어간 성장통의 증거이기도 하다.

전임의 시절 사용하던 핸드폰
차마 버릴 수가 없다.

승객 중에 의사 있습니까?

의사라는 직업은 출근과 퇴근이라는 경계가 희미하고, 응급 상황이 발생하면 시간과 장소를 가리지 않고 달려가야 한다. 의사의 시간은 남의 것이기도 하다. 그래서 병원이라는 물리적 공간 밖에서도 언제든지 병원 소리가 들리게 된다.

지금은 천국에서 행복하게 계실 외할머니의 임종이 멀지 않아 부모님과 함께 미국 LA로 향했다. 할머니를 마지막으로 뵙고 무거운 마음을 안고 귀국길에 올랐다. 비행기가 이륙한 지 채 한 시간도 되지 않았을 때였다.

"기내에 응급환자가 발생하였습니다. 의사나 의료진 있으시면 승무원에게 알려주십시오."

비행기에서 들리는 닥터콜은 의사들에게 꽤 큰 부담으로 다가온다. 방송이 나오는 순간 가슴이 두근거리고 온갖 생각이 머릿속을 스쳐 지나간다. '정말 응급한 상황이면 어떻게 하지?' '내가 해결하지 못할 질병이면?' '의료 사고로 고소당하게 되는 것은 아닌가?' '비행기를 회항해야 할 만큼 심각한 것은 아닐까?' '이렇게 많은 사람들이 타고 있는데 내가 회항 결정을 하는 것이 괜찮을까?'

외국 학회를 다녀오는 비행편이라면 마음이 한결 편했을 것이다. 워낙 많은 의사들이 함께 타고 있어서 내가 손을 들기도 전에 이미 다른 의사가 나서는 경우가 많았으니까. 하지만 그날은 학회와 상관없는 여정이었다. 비행기에 의사가 더 있을 확률은 극히 적었다. 주저할 시간이 없었다. 즉시 승무원에게 의사임을 알리고 환자 쪽으로 향했다.

환자는 젊은 남성이었다. 갑자기 숨을 쉬기 어렵고 가슴이 조이는 것 같다고 호소했다. 외과의사들이 가장 자신 없어 하는 증상이 바로 흉통이다. 응급 상황에 대해 훈련 받은 대로 우선 심근경색이나 기흉과 같은 초응급 상황인지 판단하는 것이 중요했다. 다행히 비행기 안에는 환자를 모니터링할 수 있는 장치들과 응급 약품들이 구비되어 있었다.

혈압을 재어 보니 정상이었다. 청진기로 들어본 숨소리는 양쪽 폐에서 균등하게 들렸다. 기흉은 아니었다. 환자는 젊고 특별한 기저질환도 없다고 했다. 몇 개월 전에도 비슷한 증상이 있어 종합건강검진을 받았는데 이상이 없었다고 한다. 심장 쪽 문제는 아닐 가능성이 높았다. 통증을 호소하는 부위를 눌러보았더니 누르는 곳마다 아팠다. 그런데 아픈 위치가 계속 변하는 것 같았다.

"어디에 사시나요?", "미국에는 왜 가셨어요?" 등의 사소한 질문을 하며 환자의 주의를 다른 곳으로 돌리면서 이곳저곳을 눌러보았다. 환자는 답을 하는 동안에는 내가 눌러도 통증을 느끼지 않았다. 신체적인 이상은 없어 보였다. 아무래도 공황장애와 같은 심리적인 문제로 보였다.

진찰을 마치고 환자에게 결과를 설명했다. 천천히 깊게 숨을 들이쉬고 내쉬도록 지시했다. 증상이 조금씩 좋아진 거 같아 보였다. 불편함이 계속되면 알려달라고 하고 자리로 돌아가려는 찰나, 저쪽에서 삐죽삐죽 걸어오는 젊은이가 보였다. 물어보니 전공의 1년 차라고 했다. 모든 급박한 상황이 끝난 후에야 나타난 그가 내심 괘씸하게 느껴졌다. 아마 그도 마음속에 갈등과 고민을 하다가 의사로서의 양심을 거스를 수 없어 간신히 나온 것이리라. 상황은 이미 해결된 상태였기에 그를 자리로 돌려보내고 나도 내 자리로 돌아왔다.

30분 정도 정신없이 진료를 하고 자리에 돌아와 보니 아직도 비행 시간이 9시간 이상 남아 있었다. 문득 내가 한 진료가 잘못된 것은 없는지 걱정이 되었다. "인천공항에 착륙할 때까지 저 환자가 괜찮아야 하는데"라는 생각도 들었다. 그런데 시간이 너무 많이 남았다.

평소 비행기를 타면 내릴 때까지 계속 자는 편이었다. 하지만 그날은 1시간마다 환자 자리로 가서 상태를 확인해야 했다. 다행히 환자는 안정을 찾았고 증상이 많이 호전된 상태였다. 그래도 꾸준히 1시간마다 가서 다시 진찰을 반복했다.

시간은 꾸역꾸역 흘러 마침내 인천공항에 착륙했다. 내리기 전 환자에게 가서 도착하면 바로 응급실에 가서 진찰을 받아보라고 권했다. 환자는 꾸벅 인사를 하며 감사를 표했다.

이렇게 제대로 된 닥터콜을 받아본 것은 처음이었다. 귀국 후에 닥터콜을 받았을 때 어떻게 대처해야 하는지, 어떤 법적 문제가 발생할 수 있는지 찾아보았다. 생각보다 무서운 이야기들이 많았다. 그 이후로는 비행기를 탈 때마다 안내방송 시그널이 뜰 때면 괜스레 긴장하게 된다.

의사를 부르는 소리는 병원 밖에서도 끝나지 않는다. 우리가 입은 하얀 가운의 무게는 어디서나 똑같이 무겁다. 하지만 그 부담감 속에서도 누군가에게 도움이 될 수 있다는 사실이 우리를 다시 일어서게 한다. 마치 넓은 하늘을 가로지르는 비행기처럼, 우리는 어디에서든 누군가의 삶에 안전한 착륙을 도울 준비가 되어 있어야 한다.

장례식장 소리

병원에서 환자는 누구나 평등하다. 입원 전 유명했던 사람도, 부유했던 사람도, 사회적으로 높은 지위에 있던 사람도, 경제적으로 궁핍하여 병원비를 생명과 바꾸어야 할지 고민하는 사람도, 가족과 인연을 끊고 홀로 살아가고 있는 사람도, 병원 문턱을 넘는 순간 모두 같은 환자복을 입고, 같은 수액을 달고, 생명을 위해 같은 싸움을 시작한다.

생명을 지키기 위한 마지막 사투 속에서 그들의 과거는 희미해진다. 오로지 환자로서만 존재할 뿐이다. 매일 아침 회진을 돌며 의료진들은 그들의 차트를 확인하고, 상태를 점검한다. 우리에게 중요한 것은 입원 전 그들의 처지가 아니라 현재의 건강상태와 검사 결과뿐이다.

가끔 환자들 중에는 자신을 알아보지 못하는 의사에게 섭섭함을 느끼는 사람이 있다. 사회적으로 인지도가 있는 사람들 중 "설마 내가 누군지 모르는 건가?"라는 느낌의 말과 행동이 은연중 전달되면 잠시 당황하게 된다. 유명한 분이신지 알아챘다고 티를 내 드려야 하나, 고민도 된다.

어떤 환자는 회진을 갈 때마다 매우 긍정적이고 삶에 대한 의지도 보이는데, 나중에 알고 보면 병원비 정산이 되지 않아 고민하고 있다는 이야기를 전해 듣기도 한다. 환자의 표정과 실제 그가 처한 상황 사이의 간극이 가끔은 마음을 무겁게 한다.

하지만 의료진에게 환자는 병원 밖에서의 사연들이 아니라 병명으로, 과거가 아니라 현재로 기억된다. 환자복 아래 숨겨진 삶의 모양새를 우리는 알지 못한 채, 그저 병을 치료하는 데 집중할 뿐이다. 그것이 우리의 역할이고, 또 그래야만 한다.

그러나 죽음이 찾아오면 이야기가 달라진다. 병원에서는 환자였던 그가 장례식장에서는 다시 이전의 한 인간으로, 한 가족의 일원으로, 한 사회의 구성원으로 돌아온다. 생전 그가 남긴 흔적들이, 그리고 그를 기억하는 사람들의 감정들이 다양한 소리로 퍼져 나간다.

장례식장은 마치 한 사람의 인생을 압축해서 보여주는 극장과도 같다.

TV에서 드라마를 보다 보면 장례식장을 배경으로 하는 경우가 많다. 아마 장례식장이라는 공간은 드라마 등장인물의 인간관계, 사회적 지위, 여러 사연들을 한눈에 보여 주기 가장 적합하고 공감하기 쉬운 곳이기 때문일 것이다.

드라마 속에서 보던 장례식의 풍경이 떠오른다. 재산이 많은 이의 장례식장에서는 변호사들이 들락거리며 분주하게 서류를 주고받고, 상속 문제로 날 선 대화가 오간다. 미처 생전에 하지 못했던 말들이 뒤늦게 터져 나오고, 오래도록 쌓였던 감정의 파도가 한꺼번에 밀려온다. 장례식장은 그런 감정의 파고가 가장 높게 일어나는 곳이다.

살아 생전 가족들과 지인들에게 진정된 사랑을 나누어 주고, 선한 영향력을 주었던 사람의 장례식장에서는 떠나감에 대한 슬픔과 그리움의 울음소리, 고인에 대한 추억과 미담을 나누는 소리가 들려온다. 그런 장례식장에는 슬픔 속에서도 따뜻함이 느껴진다. 마치 그 사람이 살면서 뿌려놓은 따뜻한 마음들이 장례식장의 공기 속에 남아 있는 것 같다.

화목한 가정의 장례식에서는 가족들이 서로를 부둥켜안고 위로하는 소리가 들려오며 오랜만에 만난 친척들이 따뜻한 안부를 주고받는 소리가 들려온다. 오래 떨어져 살았던 가족들이 다시 모여 고인의 추억을 나누는 모습은 그가 평생 일궈온 가족애의 결실처럼 보인다.

살아 생전 꽤 높은 지위에 있었던 사람의 장례식장에는 사회적으로 관련된 지인들이 열과 오를 맞추어 끊임없이 밀려 들어온다. 그리고, 유족에게 들려주는 본인의 관등성명, 예를 들어 "00회사의 홍길동 과장입니다", 소리가 연이어 들려온다. 가끔은 그 소리 속에 진정성보다는 의무감이 더 크게 느껴질 때도 있다. 마치 출석 체크를 하듯 조문 일정을 수행하는 모습을 보면, 그 사람의 사회적 관계가 어떠했는지 짐작할 수 있다.

삶이 달랐던 만큼 죽음 뒤에 남겨진 소리도 다르다. 장례식장의 소리는 그렇게 한 사람의 삶을 증명한다.

한 사람의 삶이 어떠했는지는 그를 보내는 자리에서 비로소 선명해진다. 죽음은 그렇게 삶의 진실을 드러내는 거울이 되고, 이것은 장례식장에서 들려오는 소리를 들어보면 실감나게 알 수 있다.

이제는 장례식장에 가는 일이 잦아졌다. 단순한 조문을 넘어서 상주가 되어 직접 장례를 치른 경험도 있다. 죽음 직전의 병원 침대에서는 알지 못했던, 죽음 앞에서 비로소 드러나는 인간사의 모습들을 가까이서 목격하며, 문득 생각한다. 나의 장례식장에서는 어떤 소리를 남길 것인가.

병원에서 평등했던 우리는 죽음 앞에서 다시 각자의 삶으로 돌아간다. 그리고 그 삶이 만들어낸 소리들은 오래도록 남겨진 이들의 기억 속에 머문다.

미국의 시인 마야 앤절루는 이런 말을 남겼다고 한다. "사람들은 당신이 무슨 말을 했는지, 어떤 행동을 했는지 잊을 것이다. 하지만 사람들은 당신이 그들에게 어떤 감정을 느끼게 했는지는 절대 잊지 않을 것이다." (People will forget what you said, people will forget what you did, but people will never forget how you made them feel)

인생은 짧고, 기억은 흐려지지만, 우리가 타인의 마음에 심어놓은 울림만은 영원히 메아리친다.

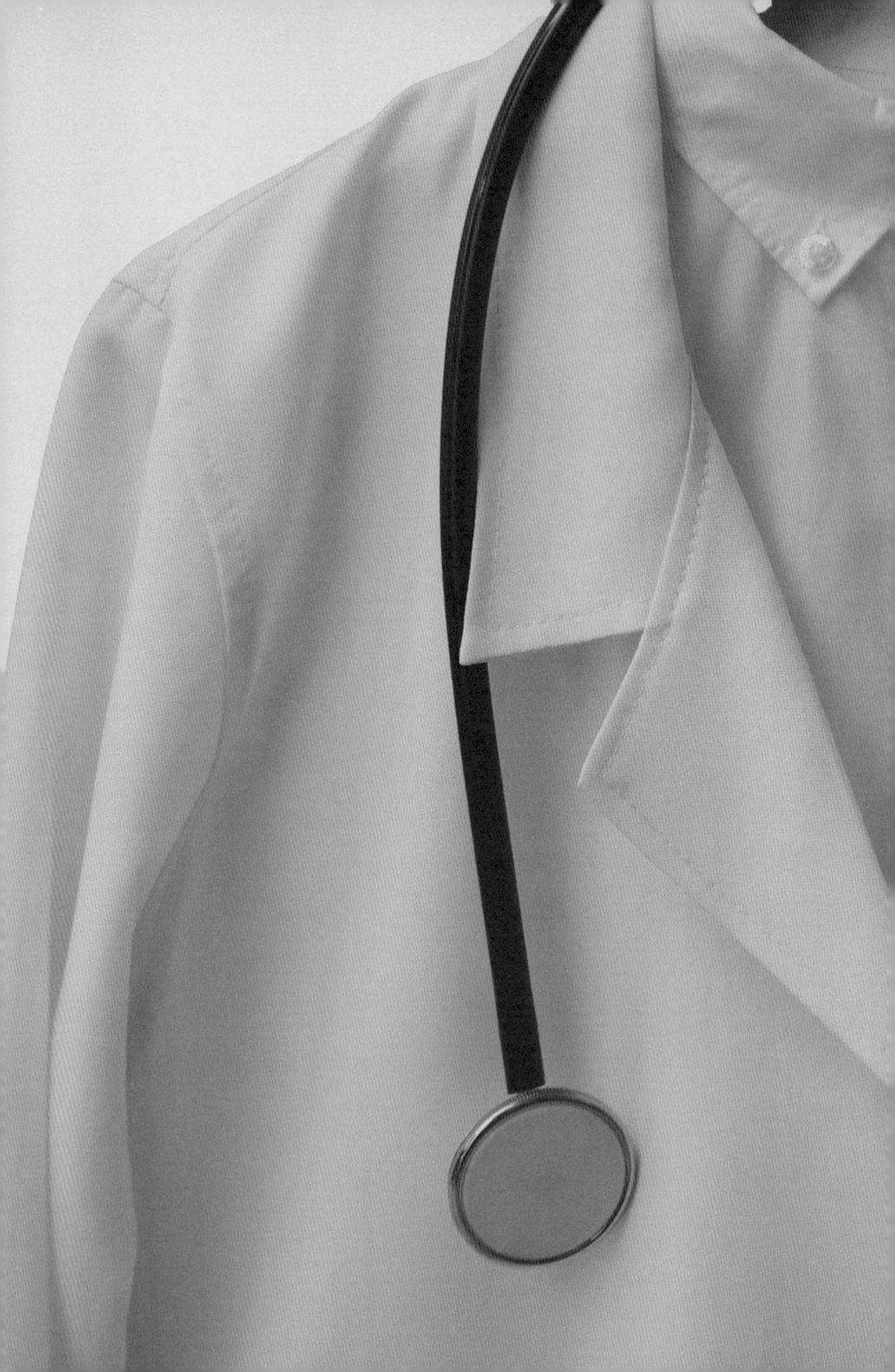

IV

진료실 이야기

20년 전 알았더라면

요즘은 영화나 장편 드라마를 20분 안팎으로 요약해서 보여주는 동영상이 인기이다. 한 편의 영화에 담긴 복잡한 서사와 감정선을 압축해 핵심만 전달하는 '요약본'이 원작보다 더 많은 조회수를 기록하는 시대가 됐다. 이런 요약 영상을 습관적으로 보다 보니 나는 2시간짜리 영화 한 편을 처음부터 끝까지 볼 수 있는 지구력과 인내심이 점점 사라져가고 있다.

내가 요약 리뷰 영상을 좋아하는 이유는 감독이 영화 속에 교묘하게 숨겨둔 복선들과 그 결말을 명확하게 연결해 보여주고, 자막과 함께 친절하게 정리하여 설명해 주기 때문이다. 원본 영화를 보는 관객들은 복선이 무엇인지, 어디에 있는지 모르고 지나치는 경우가 많다. 하지만 요약 리뷰 영상은 친절하게도 "이 장면이 복선입니다"라고 직접적으로 알려주고, 영화를 처음부터 끝까지 보지 않아도 그것의 결말이 무엇인지 수분 이내에 알 수가 있다.

대개 원본 영화에서는 복선과 결말 사이의 시간 간격이 짧게는 며칠, 길게는 수십 년에 걸쳐 있다. 주인공의 유년기에 심어진 작은 단서가 노년기에 가서야 의미를 드러내는 경우도 있다. 이런 긴 호흡의 복선과 결말의 고리는 나 같은 INFJ-T 성향의 사람에게는 견디기 힘든 과정이다. "INFJ는 의미 있는 해결책과 완결성을 추구하는 경향이 있어 불확실성이 지속되는 상황을 참기 어려워한다". 그래서 나는 영화관에 가기 전에 스포일러가 포함된 리뷰를 미리 찾아보는 습관이 있다. 결말을 알고 보면 마음이 편하다.

건강검진센터에서 일하다 보면 문득 이런 생각이 들었다. 만약 수십년에 걸친 건강의 변화를 5분짜리 동영상으로 압축해 보여준다면, 사람들은 어떤 느낌을 받을까?

한 사람의 건강 다큐멘터리를 5분으로 요약해 보자.

[0:00 - 1:00]

화면에는 공부에 열중하는 고등학교 3학년 학생의 모습이 보인다. 책상 위에는 과자 봉지와 탄산음료가 놓여 있다. 수능을 앞두고 스트레스성 폭식은 늘어간다. 몸무게가 많이 증가했다. "나중에 대학 가면 살 빼야지"라고 중얼거린다.

[1:00 - 2:00]

20세에 꿈에 그리던 대학교에 입학하여 대학 MT에서 처음으로 담배를 피운다. 선배들이 건네는 소주를 원샷하며 환호하는 모습. 이후 취업 준비로 밤을 새우면서 하루 두 갑씩 담배를 피운다. 스트레스를 받을 때마다 술자리가 늘어난다. 취업 준비로 인해 운동을 할 시간은 없다. "취업하고 나면 건강 관리 해야지"라는 독백이 흘러나온다.

[2:00 - 3:00]

대기업 명함을 손에 쥔 모습. 30세, 회사에서 생애 최초의 종합건강검진을 직원 복지의 차원에서 시켜준다. 의사가 말한다. "현재 비만이고, 음주량과 흡연량이 매우 많습니다. 지금부터라도 운동을 시작하고, 금연, 절주가 필요합니다." 진료실을 나오며 중얼거린다. "회사 생활하면서 그런 걸 어떻게 해. 40대 되면 관리해야지."

[3:00 - 4:00]

50세, 임원 승진을 앞두고 야근이 일상이 된 모습. 담배와 술은 여전히 변화가 없다. 최근 계단을 오를 때 가슴이 조이는 듯한 통증이 있지만, "운동 부족 때문이겠지"라며 넘긴다. 병원에 갈 시간은 없다. 불면증 때문에 수면제를 먹기 시작한다.

[4:00 - 5:00]

56세, 마침내 임원이 된 그가 회사 기념일에 부서원들과 등산을 간다. 갑자기 가슴을 움켜쥐고 쓰러지는 장면. 구급차 사이렌 소리. 의사가 말한다. "심근경색입니다. 다행히 골든 타임 내에 도착했지만, 혈관 상태가 매우 좋지 않습니다." 병실에 누워 천장을 바라보며 흐르는 눈물.

이렇게 한 사람의 건강 다큐멘터리를 5분으로 압축하면 흥미로운 점이 드러난다. 영상의 1분 지점에서 심어진 비만과 운동 부족의 복선, 2분 지점의 흡연과 음주라는 복선, 3분 지점의 나쁜 생활 습관과 스트레스라는 복선들이 눈에 띈다. 그리고, 4분 지점에서 심장혈관에 동맥이 막혀 버린 심근경색이라는 결말로 이어진다. 영화처럼 건강에서도 모든 복선은 결국 회수된다.

건강 다큐멘터리에서 복선과 결말 사이의 간격은 몇 분 정도지만, 실제 인생에서는 그 간격이 수년, 많게는 수십년이다. 이 긴 시간 때문에 사람들은 자신의 현재 행동이 미래 건강에 어떤 영향을 미칠지 체감하지 못한다. 복선과 결말이 너무 멀리 떨어져 있어서, 그 연결고리를 인식하지 못하는 것이다.

건강검진 결과 상담에서 의사들이 빠짐없이 하는 이야기가 있다. "운동하세요", "금연하세요", "술 드시는 양을 줄이세요." 그런데 많은 사람들은 이런 말을 들을 때마다 건성으로 듣는다. 심지어 화를 내며 "더 이상 잔소리하지 마세요"라고 반응하는 사람도 있다.

'만약 자신의 건강 다큐멘터리 5분 요약본을 본다면 어떨까?' 아마도 영상의 3분쯤 지났을 때, 크게 후회하고 삶을 되돌리고 싶어 할 것이다. 하지만 안타깝게도 인생에는 '다시 보기' 버튼이 없다.

건강 관리에서 가장 어려운 점은 우리가 살아가는 시간의 속도와 질병이 발생하는 시간의 속도가 다르다는 것이다. 우리는 하루하루를 빠르게 살아가지만, 질병은 느리게, 그러나 확실하게 우리 몸에 자리 잡는다. 질병은 수십 년에 걸쳐 천천히 발전한다. 그러나 그 발견은 단 하루, 한순간 만에 발생한다. 그 하루가 오기 전에, 우리는 자신의 건강 다큐멘터리를 수정해야 한다.

C.S. 루이스는 말했다. "당신은 과거로 돌아가 시작을 바꿀 수는 없지만, 지금 있는 자리에서 시작해 결말을 바꿀 수는 있다." "좀 더 일찍" 알았더라면. 이 말은 병상에서 가장 많이 듣는 후회의 말이다. 하지만 당신에게는 아직 '좀더 일찍'이 바로 지금일 수 있다. 당신의 건강 다큐멘터리는 아직 끝나지 않았다. 다음 장면은 당신이 직접 연출할 수 있다.

다다익선 : 과유불급 사이

지인과 차를 타고 가는데 네비게이션이 분명히 켜 있는데 소리가 전혀 나지 않았다. 혹시 고장이라도 났는지 물어보니 그는 네비게이션의 소리를 항상 꺼둔다고 했다. "왜? 네비게이션의 존재 이유가 소리로 길을 안내하는 것 아닌가?" 지인은 답했다. "얼굴도 모르는 목소리가 자꾸 옆에서 이래라저래라 하는 소리를 듣는 게 짜증 나서 길을 모를 때는 화면만 봐."

그의 말을 들으며 그가 꽤나 자주적인 성격을 가졌다고 생각했다. 그런데 그의 말은 내 직업과 묘하게 겹쳐졌다. 건강검진센터 검진결과 상담을 할 때, 나는 일종의 '인간 네비게이션'이 된다. 환자들에게 끊임없이 "이쪽으로 가세요, 저것은 하지 마세요"라고 말하는 사람.

건강검진을 마치고 결과를 들으러 오는 사람들에게 의사는 필연적으로 잔소리꾼이 된다. 상담 시작부터 끝까지 "살을 빼세요", "담배를 끊으세요", "술을 줄이세요", "기름진 것 줄이세요", "커피를 줄이세요", "밀가루 음식을 줄이세요", "간식을 줄이세요". 우리는 항상 무언가를 줄이거나 그만두라고 말한다. 환자들이 좋아하는 것을 하지 말라고, 싫어하는 것(운동 같은)을 하라고 권한다.

가끔은 부부가 함께 건강검진을 받는 경우가 있다. 그럴 때면 상담 전에 아내가 미리 연락해 오기도 한다.

"선생님, 상담할 때 제 남편에게 술과 담배 끊지 않으면 정말 큰일 난다고 꼭 이야기해 주세요. 제가 말하면 잔소리로 듣기만 하거든요."

이런 말을 들을 때마다 의사라는 직업이 일종의 대리 잔소리꾼 같다는 생각이 든다. 그리고 때로는 내 말도 환자들 귀에 그저 소음처럼 들리지 않을까 걱정된다.

처음 건강검진센터에서 결과 상담을 시작했을 때, 나는 열정이 넘쳐서 나에게 상담을 받는 사람들 한명 한명을 어떻게 해서든지 건강하게 만들겠다는 의지로 가득 차 있었다. 환자가 오면 그가 잘못한 생활습관과 앞으로 나아가야 할 방향을 쉴 새 없이 쏟아냈다. 그런데 환자의 표정은 그다지 좋아 보이지 않았다. 그리고 나도 이야기하다 지쳐갔다.

　이상 소견이 많은 환자의 경우, 먹지 않아야 할 음식의 종류를 나열하다 보면 평상시 먹고 살 만한 음식이 거의 없어지는 지경에 이르기도 했다. 당뇨, 고지혈증, 고혈압, 비만, 지방간이 모두 있는 환자에게 '하지 말아야 할 것'을 모두 열거하면 결국 "그럼 제가 뭘 먹고 살아야 합니까?"라는 절망 섞인 질문이 돌아왔다.

　경험이 쌓일수록 깨달은 것이 있다. 환자와 의사의 관계도 일종의 밀고 당기기가 필요하다는 것이다. 검진 결과를 1년마다 규칙적으로 받는 사람들 중에는 1년간 나름의 최선을 다해 관리를 하고 오는 사람들도 꽤 있다. 그런데 그런 사람들에게도 "이것 하세요, 저것 하세요"라고만, 끊임없이 권고하면 그들의 의지도 지치게 된다.

　그래서 요즘은 방법을 바꿨다. 검사 결과를 보고 지난 1년 동안 좋아진 점을 하나라도 찾아내려 노력한다. 그리고 그것이 좋아지도록 개선한 생활습관이 있는지 물어보고, 그 노력에 "리스펙(Respect)"의 찬사를 보내준다. 건강관리에 작은 성취감과 재미가 쌓이면, 누가 말하지 않아도 다음 검진까지 더 열심히 관리해 올 것이라고 믿는다.

　물론 전 검사에 비해 많이 악화된 사람에게는 앞으로의 건강 상태가 어떻게 나빠질 수 있는지 경고하고, 경각심과 위기의식을 갖도록 하는 것도 중요하다. 고치지 않으면 건강이 크게 상할 것 같은 사람에게는 그 심각도를 가늠해 겁도 주고, 자극도 하면서 건강을 관리하도록 유도하는 것이 의사의 역할이다.

의사의 상담 기술에 있어서는 '과유불급'과 '다다익선' 사이의 섬세한 밀고 당기기가 필요하다.

최근에는 건강에 도움이 된다는 각종 영양제와 보충제들이 폭발적인 인기를 끌고 있다. 동영상, 블로그, SNS, 홈쇼핑 등 다양한 플랫폼에서 마치 만병통치약이 발견된 것처럼 광고를 하는 각종 보조제들이 쏟아져 나온다. 이 때문에 건강에 관심이 많은 사람들 중에는 영양제나 보충제를 열 가지 이상씩 복용하는 경우도 있다.

한번은 60대의 수진자가 진료실에 들어오자마자 큰 가방을 열더니 영양제 병을 줄지어 책상 위에 늘어놓았다. 무려 10종류의 다양한 영양제였다. 그녀는 이 모든 것을 매일 먹고 있다고 했다. 그런데 그녀의 혈액검사 결과는 여전히 좋지 않았다. 그녀는 "이렇게 열심히 먹는데도 왜 좋아지지 않나요?", "여기서 뭘 더 먹어야 할까요", "이렇게 많은 약을 먹어도 괜찮을까요"라고 물었다.

건강검진 결과를 상담할 때 자주 마주치는 상황이 있다. 당뇨나 콜레스테롤이 높아서 단 음식이나 기름진 음식을 제한하고 운동을 해야 한다고 한참을 설명하고 나면, 환자는 이렇게 묻는다.

"그래서 이런 수치를 낮추려면 어떤 것을 먹어야 하나요?"

이런 질문을 들을 때마다 나는 묘한 허탈감을 느낀다. 많은 사람들이 '무엇을 먹어서' 해결하려고 한다. 무언가를 더하는 것으로 문제를 해결하려는 태도. 그러나 건강은 종종 '무엇을 그만두는가'에 달려 있다.

건강관리의 첫걸음은 나쁜 것을 하지 않는 것, 나쁜 것을 없애는 것이다. 술과 담배를 끊고, 좋지 않은 음식을 줄이고, 체지방을 감소시키는 일이 건강관리의 기본이다. 그런데 이것들은 모두 쉽지 않은 일이다. 그래서 사람들은 손쉽게 먹거나 복용할 수 있는 음식이나 보조제를 찾게 된다.

나는 상담할 때 이렇게 말한다.

"뭘 먹어서 좋아지려고 하지 말고, 나쁜 걸 하지 말아서 좋아지려고 하세요."

무엇을 더하는 것(다다익선)과 무엇을 빼는 것(과유불급) 사이의 균형. 건강관리에 있어서는 이 둘 사이의 섬세한 줄타기가 필요하다. 우리는 자꾸만 무언가를 더해서 건강을 좋게 하려고 한다. 더 많은 영양제, 더 많은 보조제, 더 많은 건강식품을 찾는다. 그러나 때로는 무언가를 하지 않는 것, 멈추는 것이 더 중요하다는 사실을 기억할 필요가 있다.

가끔은 사람들에게 묻고 싶다. "당신의 건강을 위해 무엇을 포기할 수 있나요?" 건강은 더하기가 아니라 빼기에서 시작된다. 네비게이션의 소리를 끄고 운전하는 내 지인처럼, 때로는 귀에 들리는 모든 소리를 다 따를 필요는 없다. 그러나 생명에 관한 지시, 건강에 관한 경고는 예외다. 의사인 내가 들려주는 소리는 네비게이션과 달리 당신을 목적지가 아닌, 더 긴 여정으로 안내하기 위한 것이니까.

<어린 왕자>를 쓴 프랑스의 작가 앙투안 드 생텍쥐페리는 "완벽함이란 더 이상 더할 것이 없을 때가 아니라, 더 이상 뺄 것이 없을 때 완성된다"고 말했다. 무언가 부족한 게 있다고 생각하면 자꾸 무언가를 더하게 되고, 그러다 보면 점점 불필요한 것이 늘어나게 된다.

건강도 마찬가지가 아닐까. 더하는 것보다 빼는 것의 미학, 그것이 진정한 건강의 비결일지도 모른다.

건강검진의 잘못된 사용법

검진센터의 창문을 통해 들어오는 희미한 오전 햇살 속에서, 나는 또 한 명의 수진자를 맞이한다. 그는 커피 한 잔을 들고 들어와 내 앞에 앉았다. 검진 결과를 다 듣고 나서 이야기한다.

"선생님, 그렇게 술 마시고 담배 피우는데도 이렇게 멀쩡하네요."

그분의 목소리에서 일종의 승리감이 느껴졌다. 마치 의학의 원리를 이겨낸 영웅처럼. 그의 말 속에는 숨겨진 선언이 있었다. '나는 건강하니까 술과 담배를 계속해도 괜찮다'는. 이런 순간마다 나는 무거운 책임감을 느낀다. 그들에게 어떻게 설명해야 할까.

건강검진의 본질은 단순하다. 현재 건강 상태를 평가하고, 질병을 조기에 발견하여 치료하며, 미래의 건강을 위해 예방적 조치를 취하는 것이다. 국민건강보험공단이 2년마다 일반건강검진을 제공하고, 위암, 대장암, 간암, 유방암, 자궁경부암 등에 대한 검진을 지원하는 이유도 바로 이 때문이다. 그러나 많은 사람들이 건강검진의 의미를 오해하고 있다.

첫 번째 오해는 현재의 검진 결과가 미래에도 지속될 것이라는 착각이다.

매년 흉부 CT를 찍으러 오는 흡연자들이 있다. 그들은 폐에 이상이 없다는 결과를 듣자마자 안도의 한숨을 내쉬며 다시 담배를 손에 든다. 마치 그들에게 정상 판정은 담배를 피워도 괜찮다는 허가증과 같다.

"폐에는 문제가 없죠?"

이런 질문을 받을 때마다 나는 항상 같은 말을 반복한다.

"매년 검사하는 것보다 더 중요한 것은 금연입니다."

나는 금연의 어려움을 공감하고, 다양한 금연 방법을 설명하려 노력한다. 하지만 대부분의 경우, 그 말은 바람 속으로 흩어진다.

더 당황스러운 상황도 있다. 매년 검진을 받던 사람이 갑자기 질병 진단을 받으면 "매년 건강검진을 했는데 어떻게 이 병에 걸릴 수 있나요?"라고 묻는다. 마치 건강검진이 질병에 대한 면역력을 부여한다고 믿는 것처럼.

두 번째 오해는 건강검진으로 질병의 유무를 확실히 판별할 수 있다는 착각이다.

CT에서 이상 소견이 발견되면, 그것이 암인지 아닌지 한 번의 검사로 알 수 있을 거라 기대한다. 하지만 100% 정확한 검사란 존재하지 않는다. 의학은 확률과 통계의 세계다. 우리는 가능성을 말할 수 있을 뿐, 절대적 확신을 줄 수는 없다. 그래서 건강검진에서 나오는 검사 결과는 "~으로 추정된다.", "의 가능성이 있다" 라고 이야기하게 되고, 확진을 위해서는 이상소견의 변화를 관찰하기 위한 추적관찰이 필요하거나, 확진 검사인 조직검사까지 진행해야 하는 경우도 있다.

세 번째 오해는 건강검진의 예방적 측면을 간과하는 것이다.

건강검진의 목적 중 하나는 미래에 생길 수 있는 문제를 예방하기 위해 지금 노력하자는 것이다. 이미 질병이 발생한 후에 노력하자는 것이 아니다.

고도 비만인 수진자들에게 체중 감량의 중요성을 설명해도, 많은 경우 다음 해에도 별다른 변화 없이 돌아온다. 그러나 지방간이나 고지혈증이 진단되면, 그제서야 체중 감량에 나선다. 질병이 발생해야만 관리의 필요성을 느끼는 것이다.

"나는 아직 소화도 잘 되고, 변도 잘 봐요. 내시경은 필요 없을 것 같아요."

이런 말을 하는 사람들도 있다. 하지만 건강검진은 증상이 있을 때 병을 진단하는 것이 아니라, 증상이 없을 때 질병을 조기에 발견하거나 예방하기 위한 것이다.

우리는 마감 시한이 없으면 일에 속도가 붙지 않는다. 시험공부는 벼락치기로 하는 전날이 가장 효율적이다. 건강 관리도 이렇게 생각하는 경우가 많다. 당장의 질병이 눈에 보이기 전까지는 건강 관리의 효과가 체감되지 않고, 동기부여도 어렵다.

하지만 이 불확실성 속에서도 꾸준히 노력하는 것이 중요하다. 그 결과는 시간이 지나야 드러난다.

내 앞에 앉은 수진자는 여전히 자신의 현재 건강 상태에 안주하고, 안심하고자 하는 경우가 많다. 도전적인 이야기를 전해주고 싶다. "당신은 지금의 결과가 오도록 과거에 무엇을 했고, 미래의 건강을 위해 지금 무엇을 하실 건가요?

변화 없음

　병원에서 진료를 받거나 건강검진 후 결과를 들을 때, 빈번하게 듣게 되는 문장은 "이전과 비교하여 변화가 없습니다"일 것이다. 건강검진센터에서 일하는 나는 이 말을 하루에도 수십 번씩 반복한다. 그리고 매번 이 말을 들은 환자들의 표정을 살핀다. 어떤 이는 안도하고, 어떤 이는 실망하며, 또 어떤 이는 의아해한다.

　우리 가족 중에 녹내장 환자가 있다. 10년이 넘는 시간 동안 안과를 다니면서 늘 하는 불평이 있다. "도대체 매번 갈 때마다 변화가 없다는 말만 반복하는데, 계속 진료를 받아야 하는지 모르겠다"고. 그럴 때마다 나는 의사의 입장에서 설명해주려 노력하지만, 그 역시 환자의 마음으로 돌아가면 이해하기 어려운 모순처럼 느껴진다.

환자들이 병원을 찾는 이유는 대개 '좋아졌다'는 소식을 듣기 위해서다. 감기에 걸려 열이 나서 왔다면 "열이 내렸습니다", 다리를 다쳐서 왔다면 "이제 걸어도 됩니다"라는 말을 듣고 싶어 한다. 그리고 실제로 폐렴이나 골절 같은 급성 질환은 '좋아지는 것'이 치료의 목표다.

하지만 세상에는 좋아지는 것보다 '나빠지지 않는 것'이 더 중요한 질병들이 있다. 당뇨, 녹내장, 암 수술 이후의 관리, 혈관의 동맥경화, 건강검진에서 발견된 작은 병변들… 이런 만성적인 상태들은 대부분 정기적인 검사를 통해 악화되지 않도록 관리하는 것이 핵심이다. 의사가 "이전과 비교하여 변화가 없습니다"라고 말할 때, 사실 그것은 줄 수 있는 가장 긍정적인 답변인 경우가 많다.

처음 어떤 이상이 발견됐을 때는 환자에게 꽤 자세한 설명을 한다. "이런 변화가 생기면 이런 문제가 발생할 수 있어서 주의가 필요합니다"라고. 그런데 그 후로 계속 변화가 없는 상태가 유지되면, 의사는 별다른 말을 할 것이 없어진다. 1년, 2년… 때로는 10년이 지나도 "이전과 변화가 없습니다"라는 한 마디만 반복하게 된다. 환자 입장에서는 지루하고 의미 없는 방문처럼 느껴질 수 있지만, 의학적으로는 그 지루함이 최선의 결과인 셈이다.

건강검진센터에서 상담을 하다 보면 자주 받는 질문들이 있다. 그중 가장 흔한 두 가지는 이런 것들이다.

"콜레스테롤약을 먹고 있는데, 이번에도 검사 결과가 정상이니 이제 약을 끊어도 되는 건가요?"

이 질문에도 나는 "변화 없음"으로 답한다. 콜레스테롤약은 수치가 높아서 먹기 시작했지만, 그 약 덕분에 수치가 정상으로 유지되는 것이다. 약을 중단하면 다시 올라갈 가능성이 크다. 마치 두 손으로 바위를 받쳐서 굴러 떨어지지 않게 하고 있는데, "이제 바위가 내려가지 않으니까 손을 떼도 되겠네요"라고 말하는 것과 비슷하다. 정기 검사의 목적은 약이 잘 작동하는지, 혹은 용량을 조절할 필요가 있는지 확인하는 것이다. 물론 생활습관을 크게 개선해서 약을 줄이거나 끊게 되는 사례도 있지만, 그건 바위를 떠받치는 기둥을 새로 설치한 경우라고 할 수 있다.

또 다른 질문은 이런 것이다. "지난번에 초음파에서 발견된 결절이 이번에는 사라졌나요?"

건강검진에서 하는 검사들은 한 번에 확정적인 진단을 내릴 수 있는 경우가 드물다. 갑상선에 작은 결절이 발견되면, 그 크기와 모양을 보고 즉시 조직검사가 필요한지, 아니면 지켜봐도 될지 판단한다. 이후 정기 검진에서 "변화가 없음"이면 계속 관찰하고, "크기가 커짐"이라는 변화가 있으면 추가 조치를 취한다. 대부분의 추적 관찰은 결절이 사라지길 기대하는 것이 아니라, 커지지 않기를 바라는 것이다.

인체는 시간이 흐르면서 자연스럽게 변화한다. 그리고 그 자연적인 변화의 방향은 대체로 우리가 원치 않는 쪽이다. 나이가 들면 지방은 쌓이고 근육은 줄어든다. 흡연을 계속하면 혈관에 동맥경화가 진행된다. 암이나 만성질환의 위험도 점점 높아진다. 우리가 할 수 있는 최선은 이런 자연적인 흐름이 가능한 한 천천히 진행되도록 관리하는 것이다.

그래서 작년과 비교해 체지방이 늘지 않고 근육량이 유지된 채로 건강검진을 받으러 온 사람은 1년을 잘 살아온 것이다. 그리고 내가 바라는 것은 그들이 조금 더 노력해서 자연의 흐름에 역행하여, 내년에는 오히려 나아진 결과를 볼 수 있기를 바라는 마음이다.

'무소식이 희소식'이란 말이 있다. 하지만 건강에 있어서는 단순히 아무런 검사도 하지 않은 채 증상이 없다고 안심하는 것을 의미하지는 않는다. 정기적인 검사를 통해 "변화 없음"이라는 결과를 받는 것, 그 무소식이야말로 진정한 희소식이 된다. 삶이 끊임없이 변화하는 세상에서, 변하지 않음이 때로는 가장 큰 축복일 수 있다.

'환자'에서 '수진자'로, 작은 단어의 큰 변화

나는 외과의사다. 자세히 말하자면 대장항문외과 세부 전문의다. 대학병원에서 외과 전공의 (레지던트) 4년과 대장항문외과 전임의 (펠로) 2년을 보냈고, 그 다음 대학병원 건강검진센터의 외과 임상교수로 현재까지 근무하고 있다. 건강검진센터로 근무지를 이동하였을 때 주변에서 많이 물었다. 외과의사가 건강검진센터에서 무슨 일을 한다는 거냐고. 건강검진센터와 외과의사는 일견 어울리지 않는다. 외과의사가 건강검진센터에서 무슨 일을 할까?

아마 대학병원 건강검진센터에 외과의사가 전임으로 근무하게 된 건 내가 처음일 것이다. 내가 채용된 이유는 세 가지였다. 첫째, 건강검진센터를 찾는 사람들 중 많은 이들이 배변이나 항문 쪽 불편함을 호소하기 때문에 대장항문외과 의사의 진찰이 필요했다.

둘째, 검진 과정에서 외과 전문의의 의견이 필요한 검사 결과들이 자주 있다. 셋째, 작은 수술 정도는 검진센터에서 해주기 위해 수술장을 운영할 외과의사가 필요했다.

건강검진센터는 병원의 다른 부서와는 매우 다른 곳이다. 응급 상황은 거의 없고, 대부분 건강한 사람이 자신이 건강하다는 것을 확인받거나, 알지 못했던 질병을 진단받으러 오는 곳이다. 나는 이전 근무지에서 방문객들을 '환자'라고 부르는 데 익숙해져 있었는데, 이제는 건강한 사람들을 '수진자'라고 부른다.

외과에서 근무할 때는 수술 자체와 수술 후 합병증이 가장 중요한 관리 대상이었다. 자연스럽게 수술 기술과 질병 자체에 더 많은 관심을 가졌다. 반면 건강검진센터에서는 건강관리, 예방, 그리고 서비스 마인드에 더 집중하게 된다. 이것은 내게 큰 변화였다.

암 진단을 받은 환자들이 흔히 겪는 심리적 과정은 쿠블러-로스 모델로 알려져 있다. "당신은 암으로 진단되었습니다."라는 말을 들었을 때, 사람들은 보통 다섯 단계의 심리적 변화를 겪는다.

첫 번째는 부정(denial)이다. 환자는 진단 사실을 받아들이지 못하고 "이럴 리 없다"는 생각으로 현실을 부정한다. 검사 결과에 오류가 있을 것이라 생각하거나, 진단 과정에 착오가 있을 것이라 생각한다.

두 번째는 분노(anger)다. "왜 하필 나인가"라는 분노와 함께 의료진, 가족, 주변인들을 원망한다.

세 번째는 타협(bargaining)이다. 환자는 피할 수 없는 현실을 완전히 받아들이기 전에, 이를 미루거나 바꾸려는 심리적 시도를 한다. "만약 내가 잘 치료받아 회복한다면 다른 사람들을 도우며 살겠다"라는 방식으로 상황을 바꾸려고 노력한다.

네 번째는 우울(depression)이다. 자신의 상태를 인식하면서 슬픔, 공포, 불확실성으로 인한 우울감을 경험한다. 미래와 가족에 대한 걱정으로 더욱 부담을 느낀다.

이러한 내면적 싸움을 거친 이후 마지막은 수용(acceptance)이다. 환자는 자신의 상황을 받아들이고 남은 시간을 의미 있게 보내려고 노력한다. 모든 환자가 수용의 단계까지 가기는 어렵지만, 이 단계에 도달하면 치료에 더 적극적으로 참여하게 되고 심리적 평안함을 얻어 회복에 도움이 된다.

이런 단계들이 반드시 순차적으로 나타나는 것은 아니다. 환자들은 여러 단계를 오가며 경험할 수 있고, 각 단계의 지속 시간도 사람마다 크게 다르다.

건강검진센터에서 일하며 내가 느낀 가장 큰 차이점은 환자에게 처음으로 암이 발견되었음을 알려주는 역할을 해야 한다는 것이었다. 종합병원 외과의사로 있을 때는 대부분의 환자들은 이미 자신이 암에 걸렸다는 사실을 알고 있는 상태로 만나게 된다. 그들은 부인, 분노, 타협, 우울 등의 격동의 시간을 모두 겪고, 여러 병원을 알아보고, 가족들과 충분히 상의한 후에 어느 정도 정서적으로 정리된 상태에서 병원을 찾았다. 그래서 나는 수술과 수술 후 회복과정에 집중하며 환자를 격려하는 역할만 하면 됐다.

하지만 건강검진센터에서는 전날까지 건강하게 일상을 보내던 사람에게 처음으로 "당신은 암에 걸렸고, 이제부터 길고 긴 치료과정을 겪어야 합니다"라는 사실을 알려줘야 한다. 그래서 모든 단어 하나하나가 몹시도 조심스럽다.

건강검진시 대장내시경 검사에서 암이 의심되어 조직검사를 하고, 5-6일 후 암으로 확진되면 그 사실을 환자에게 알려줘야 한다. 그런데 입을 떼기가 참 어렵다. 환자에게 너무 큰 충격을 주어 부정, 분노, 타협의 단계가 아니라, 바로 우울의 단계로 진입하면 치료를 모두 포기할 수도 있다.

반대로 환자가 걱정할까 봐 '대수롭지 않은 상태의 암'이라고 가볍게 이야기하면, 환자는 정말 대수롭지 않은 병으로 오해해 암 수술을 받으러 병원을 방문하지 않기도 한다. 또는 민간요법으로 치료하거나, 가정의 급한 일(고3 자녀를 대학 보내고 나서 수술을 받겠다는 등)을 해결한 후에 수술을 받겠다고 결정해 치료가 늦어질 수도 있다.

처음 건강검진센터에서 일할 때, 암 진단을 전달하는 순간마다 가슴이 콩닥거렸다. 진단명이 나온 그 순간부터 환자에게 그 사실을 이야기할 때까지 가슴이 탁 막히는 듯했다. 그리고 암이라는 이야기를 듣고 크게 놀라고 상심하는 환자들의 반응을 보며 내 마음도 아팠다. 그 감정 또한 추스르기 어려웠다.

초기에는 환자에게 암 진단을 알리고 나서 위로하기 위해 "너무 걱정하지 마세요"라는 말을 덧붙였다. 하지만 경험이 쌓이고 환자들의 반응을 지켜보면서 깨달았다. "너무 걱정하지 마세요"라는 위로는 안 하느니만 못한 말이었다. 처음으로 암 진단을 받은 사람에게 걱정하지 말라니, 그게 어떤 의미가 있겠는가?

요즘은 환자들에게 암이라는 이야기를 해주고, 그 순간 환자가 드러내는 반응들―대개는 '거부'와 '분노' 단계의 반응―을 잘 들어주려고 노력한다. 그리고 치료를 열심히 하면 회복할 수 있고, 우리나라 최고의 의료진을 믿고 용기 있게 치료하도록 응원한다.

외과로 수술을 받으러 가게 될 환자에게는, 외과 진료를 보러 가기 전에 내 경험을 바탕으로 마음의 준비를 할 수 있도록 도와주려 노력한다. 앞으로 어떤 과정이 있을지, 무엇을 물어볼지, 어떤 결정을 내려야 할지 미리 알려주면 환자들이 조금이나마 안심하는 것 같다.

물론 환자들에게 가장 큰 힘이 되고 격려가 되는 것은 나와, 나의 가족, 지인들의 암 치료 경험을 공유해주는 것이다. "그 과정이 쉽지는 않았지만 견딜 만했고, 시간이 지나니 과거가 되었다는 이야기". 누군가의 실제 경험담은 통계나 의학 정보보다 더 큰 위안이 되곤 한다.

건강검진센터에서 15년 넘게 일하고 있지만, 지금도 여전히 암 진단을 처음 전달하는 것은 매우 고통스럽고 어렵다.

어느 날, 그 전 해에 전립선암이 의심되어 비뇨의학과로 연계해주었던 환자가 다시 건강검진을 받으러 왔다. 그는 수술을 받고 건강을 되찾았다. 씩씩하게 수술을 잘 견뎌내고 1년 만에 검진을 하고 돌아와 진료실 의자에 앉아 웃으며 말했다. "선생님, 그때 제게 암일 수 있다고 잘 진단해 주셔서 지금 제가 잘 치료받고 잘 살고 있습니다. 감사합니다."

그 순간 깨달았다. 누군가에게 가장 두려운 진실을 전하는 건강검진센터 의사의 역할이 얼마나 큰지, 얼마나 환자를 위해 고민하여 이야기를 해 주어야 하는 것인지 말이다.

항문 진료실 풍경

건강검진센터에서 대장항문외과 외래를 오픈하면서 '대장항문외과'라는 딱딱한 명칭에 추가로 나는 조금 더 친근한 이름을 고민하다 '항문건강클리닉'이라는 부캐릭터를 설정했다. 이름 하나로 환자들의 접근성이 달라질 수 있다고 믿었기 때문이다.

항문에 질병이 생긴 환자들은 다른 질환을 가진 환자들과는 사뭇 다른 모습을 보인다. 피부과, 안과, 이비인후과 등을 찾는 환자들과는 확연히 다른 점이 있다.

항문은 본인의 눈으로 직접 볼 수 없는 신체 부위라는 특징이 있다. 아무리 작은 상처라도 눈으로 직접 확인할 수 없으니 환자들은 실제보다 훨씬 큰 공포와 걱정에 사로잡힌다. 등이나 어깨는 거울을 통해 간접적으로라도 볼 수 있지만, 항문은 그마저도 어렵다.

게다가 다른 사람에게 "한번 봐줄래?"라고 부탁하기에는 너무나 난감한 위치다.

　우리의 인생에서 부모님이 기저귀를 갈아주던 유아기, 유치원 시절 배변 후 휴지로 닦아주던 그 짧은 시간을 제외하면, 누군가에게 항문을 보여준 경험이 있는 사람은 거의 없을 것이다. 항문이 불편해질 때 우리는 혼자서는 어찌할 도리가 없고, 그 무력감이 상황을 더욱 악화시킨다. 어떤 환자들은 휴대폰으로 촬영을 시도하지만, 상상해 보라. 그 각도와 위치에서 정확한 사진을 찍는 것이 얼마나 불가능에 가까운지.

　항문에서 출혈이 있거나 통증이 있을 때, 그것이 정확히 어떤 상태인지 알 수 없기에 환자들은 막연한 불안과 두려움에 사로잡힌다. 확인할 수 없는 것에 대한 공포는 실체보다 항상 크기 마련이다.

　또 하나의 특징은 사회적 통념 때문이다. 항문이나 대변에 관한 이야기는 타인과 편하게 나눌 수 있는 주제가 아니다. 예로부터 "병은 소문내라"는 말이 있다. 몸에 병이 있으면 주위 사람들에게 알려 그들의 경험과 지혜를 빌려 치료에 도움을 받으라는 뜻이다. 하지만 항문 질환은 다르다. 왠지 창피하고, 예의에 벗어나는 주제처럼 여겨진다. 그렇다 보니 자신의 항문 상태나 배변 습관이 정상인지, 비정상인지 판단하기 어렵고, 아파도 병원에 가겠다고 말을 꺼내기가 쉽지 않다.

이런 이유로 항문에 불편함을 느끼는 환자들은 오랫동안 홀로 끙끙 앓다가 병원을 찾는 경우가 많다. 치질(정확히는 치핵)이 있다는 것을 창피하게 여기는 환자들이 많지만, 사실 치핵은 항문의 혈관이 부어오른 것에 불과하다. 창피할 이유가 전혀 없는 질환이다.

항문 질환의 이런 독특한 특성 때문에 내가 근무하는 건강검진센터에서는 검진 항목에 "항문진찰 및 검사"를 포함시켰다. 검진 시 항문진찰을 할 때 가장 많이 듣는 말은 "도대체 이런 증상을 가지고 어디를 찾아가야 할지 몰라서 이때까지 끙끙 앓았어요", 여성 환자들의 경우 "선생님이 여자 선생님이셔서 정말 다행이에요", "이 나이에 너무 창피해서 자식들한테 말도 못하고 어디 외출도 못했어요" 같은 이야기다.

그런데, 항문 질환, 변실금, 변비 등 항문에 관련된 불편함은 생각보다 간단한 생활습관 교정이나 약물 치료만으로도 충분히 개선될 수 있다. 오랜 기간 고통받던 환자들이 작은 도움만으로도 상태가 호전되고, 다음 외래에 왔을 때 감사의 인사를 전할 때면 의사로서 큰 보람을 느낀다. 내 작은 도움으로 그들의 일상이 회복되는 순간을 목격할 때, 나는 깊은 행복감과 뿌듯함을 느낀다.

항문이 불편하다면 혼자만의 고통으로 고민하지 말고, 주변 항문외과에서 진찰을 받아보길 권한다. 의외로 간단한 치료만으로도 상쾌한 항문을 되찾을 수 있다.

항문은 말 못할 고통을 견디게 하는 침묵의 기관이다. 그 침묵을 깨는 용기가 당신의 삶을 더 편안하게 만들 것이다.

똥을 잘 싸는 것의 축복

　대장항문외과 전문의로 대학병원에서 시작해 건강검진센터에서 근무한 지 어느덧 20년이 다 되어간다. 짧지 않은 세월 동안 나는 수많은 환자들을 만났고, 그들의 이야기를 들었다. 진료 시간이 쌓이면서 나는 점점 확신하게 되었다. '똥을 잘 싸는 것'이 얼마나 축복받은 일인지를.

　사람이 하루 중 가장 행복한 시간이 언제냐고 물으면 대답이 다양하겠지만, 내 외래를 찾는 환자들은 이렇게 말한다. 아침에 일어나 시원하게 대변을 보고 난 그 순간이 하루 중 가장 행복한 순간이고, 그런 날은 하루 종일 즐겁다고.

　변비, 변실금, 설사 같은 증상들은 암이나 뇌졸중처럼 생명을 위협하는 질병은 아니어서 사람들은 종종 대수롭지 않게 여긴다. 하지만 환자 본인에게는 매우 심각한 문제다. 사회적으로 부러움을 받는 위치에 있는 사람이든, 우아하게 평생을 살아온 사람이든, 엄청난 부자든 상관없다. 대변을 보는 것이 힘들면 삶의 질은 완전히 떨어진다.

그래서 변이 안 나와 병원에 와서 관장을 하거나, 변이 새어 속옷을 더럽힌 채 진료실에 들어서는 환자들은 진료실 밖에서는 결코 드러낼 수 없는 자신의 증상을 체면 따위는 아랑곳하지 않고, 나에게 하소연한다. 이때 그들의 눈빛에는 절박함이 깃들어 있다.

대변을 건강하게 보는 것은 단순한 과정이 아니다. 복잡한 퍼즐과 같다. '건강한 대변', '건강한 소장, 대장, 항문', '변을 보기에 적합한 화장실 환경', '변을 충분히 볼 수 있는 시간적 여유', 그리고 '변을 보기에 편안한 심리적 상태'가 모두 조화롭게 갖추어져야 비로소 건강한 배변이 가능하다.

건강한 대변이 되려면 대변의 양이 적당해야 하고, 굳기도 너무 무르거나 너무 단단해서는 안 된다. 그래서 나는 변비나 변실금 환자에게 매번 묻는다. "대변이 이쁜 모양으로 나오나요?" 앞뒤 맥락 없이 이런 질문을 들으면 웃기게 느껴질 수 있겠지만, 사실 이것은 배변 불편감을 치료하는 첫걸음이다.

소장과 대장은 변을 적당한 세기와 속도로 항문 쪽으로 밀어내야 하고, 항문의 근육은 적절한 압력으로 조이기도 하고 필요할 때

충분히 늘어나기도 해야 한다. 이 모든 과정이 하나의 유기적인 흐름으로 이어져야 한다.

환자들 중에는 익숙한 화장실이 아닌 낯선 곳에서는 변을 보지 못하는 경우가 있다. 또 충분한 시간적 여유가 없을 때도 배변이 잘 안 되기도 한다.

그리고 많은 사람들이 간과하는 것이 있다. 바로 변을 보기 위한 편안한 심리 상태가 매우 중요하다는 점이다. 심리적으로 불안하거나 예민할 때는 장도 예민해져서 자주 화장실에 가게 된다. 반대로 공중화장실에서 밖에 다른 사람이 기다리고 있다는 생각에 변이 도저히 나오지 않아 힘들어하는 사람도 있다. 마음이 편안해야 몸도 편안하게 반응한다.

우리가 배변하는 과정은 우리가 의식적으로 '건강한 배변을 위한 프로세스 계획안'을 마련해 실행하는 것이 아닌데도, 신비한 우리 인체는 이 모든 복잡한 메커니즘을 자동으로 조율한다. 매일 일어나는 이 일상적인 기적을 우리는 대부분 당연하게 여긴다.

항문외과 의사인 내 역할은 배변 상태가 좋지 않은 환자에게 꼼꼼하게 질문하고, 항문을 진찰해 이 복잡한 메커니즘 중 어느 부분에 문제가 있는지 찾아내는 것이다. 새내기 의사 시절에는 원인을 찾아내는 데 시간이 꽤 걸렸다. 하지만 경험이 쌓이고 '나의 스승이 되는 여러 환자들의 이야기'들이 모이면서 점차 항문 진찰만으로도 원인을 어느 정도 추정할 수 있게 되었다.

 길을 걷다 보면 멋진 옷을 입고, 머리를 예쁘게 빗고, 향기로운 향수 냄새를 풍기며 지나가는 사람들을 보며 '저 사람은 정말 행복하겠다'라고 생각할 수 있다. 하지만 화장실 변기 위에서 느끼는 건강한 쾌변의 행복이 오롯이 본인만이 느낄 수 있는 은밀한 행복이다.

 너무 당연하게 여겨온 쾌변이라는 것이 사실은 수많은 과정들이 조화롭게 이루어져 비로소 가능하다는 것을 깨닫게 되면, 매일 아침 화장실에서 작은 행복과 감사를 느낄 수 있지 않을까.

 정신분석 이론에서 항문기(18개월~3세)는 유아가 배변 훈련을 통해 자율성과 자기 통제력을 배우는 중요한 시기이다. 이 시기의 경험은 유아의 정서적 안정과 자기 조절 능력에 영향을 미치며, 건강한 배변 훈련은 심리적 건강의 토대가 된다. 인간의 가장 기본적인 생체 활동인 '건강한 배변'은 우리가 받은 가장 소박하지만 가장 위대한 축복이다. 진정한 행복은 화려한 겉모습이 아니라, 우리 몸이 일상의 작은 기적들을 당연하게 수행할 수 있는 건강 속에 있음을 항상 기억하자.

선발 투수와 마무리 투수의 차이점

　나는 외과의사로 20년을 조금 넘게 살아오고 있고, 건강검진센터 의사로도 15년을 조금 넘게 살아가고 있다. 조금은 이질적으로 보이는 두 가지 영역의 의사로 살아가면서 많은 사람들이 내게 묻는다. 종합병원 외과의사로 근무할 때와 종합병원 건강검진 센터 의사로 근무할 때의 차이가 무엇이냐고. 물론 같은 의사이지만, 그 차이는 생각보다 크다. 마치 야구에서 선발 투수와 마무리 투수의 차이만큼이나.

　야구를 잘 모르는 사람들이 종종 질문한다. "최고의 마무리 투수 오승환 선수가 그렇게 잘 던진다면 왜 선발 투수로 나오지 않나요?" 혹은 "메이저리그 출신 선발투수 류현진 선수가 마무리 투수로도 나오면 안 되나요?" 이런 질문은 야구의 본질을 이해하지 못했을 때 나온다. 야알못 (야구를 알지 못하는 사람)의 전형적인 질문이라고 할 수 있다.

선발 투수는 한 경기에서 6-7이닝을 책임진다. 100개가 넘는 공을 던져가면서 자신의 체력과 페이스를 조절해야 한다. 매 순간 전력을 다하는 것이 아니라 때로는 속도를 늦추거나 힘을 빼야 하고, 때로는 모든 힘을 실어 던지는 전략이 필요하다. 한 경기에 소모되는 체력이 상당하기 때문에 한 번 등판하고 나면 며칠 간의 휴식과 준비 시간이 필요하다.

반면 마무리 투수는 주로 9회, 즉 마지막 이닝만을 담당한다. 짧은 시간 동안 최고의 구속과 위력적인 구종으로 승부를 본다. 마무리 투수에게는 짧은 시간 안에 최대한의 집중력을 발휘해야 하며, 빠른 판단력과 즉각적인 대응 능력이 필수적이다.

이런 특징들이 의료계의 외과의사와 건강검진센터 의사들의 업무 특성과 매우 유사하다고 생각한다.

외과의사는 선발 투수가 아닌 마무리 투수에 가깝다. 3-4시간에 걸친 시간 동안 한 명의 환자, 한 가지 질병을 위해 혼신의 힘을 다한다. 마무리 투수가 9회말 짧은 시간 동안 모든 것을 걸고 승부하듯이, 외과의사도 수술 시간 동안 최고의 기량을 발휘해야 한다. 수술실에서는 한 순간의 실수도 용납되지 않으며, 긴박한 상황에서 신속하고 정확한 판단이 필요하다. 그리고 환자는 입원한 기간 동안 최선을 다해 회복을 위해 노력하며, 퇴원 시에는 질병이 해결된 상태로 병원을 떠난다.

건강검진센터 의사는 선발 투수에 가깝다. 하루에 수십 명의 수진자들이 수십 개의 항목에 대해 검사를 받고, 그 모든 결과에 대해 상담을 해주어야 한다. 선발 투수처럼 긴 시간 동안 자신의 체력과 집중력을 안배하며 많은 환자들을 진료한다. 하루 종일 수많은 수진자들을 만나면서도 일정한 수준의 의료 서비스를 제공해야 하며, 다양한 검진결과에 대처할 수 있는 폭넓은 지식과 경험이 필요하다.

검사 결과를 설명할 때도 모든 항목을 같은 강도로 설명하는 것이 아니라, 건강관리를 위해 중요한 내용은 강조하고 걱정할 필요가 없는 부분은 간략하게 설명한다. 마치 선발 투수가 6-7이닝 동안 자신의 페이스를 조절하며 경기를 이끌어가는 것과 같다.

수진자의 입장에서도 마찬가지다. 건강관리를 위해 모든 검사 결과를 하나하나 기억하려 하기보다는, 본인이 특히 신경 써야 할 건강상태가 무엇인지 파악하고 건강한 노후를 위해 선택과 집중을 해야 한다.

이렇게 외과의사와 검진센터 의사는 서로 다른 방식으로 환자들의 건강을 지키고 있다. 두 분야 모두 각자의 전문성과 특수성이 있으며, 건강을 위해 각자의 방식으로 중요한 역할을 수행하고 있다.

물론 마무리 투수와 같은 에너지와 집중력으로 선발투수처럼 긴 이닝을 던질 수 있다면 그것이 최선일 것이다. 환자도 마찬가지로, 단기간의 집중력과 장기간의 지구력을 모두 갖출 수 있다면 더할 나위 없이 좋을 것이다. 하지만 인간으로서는 그것이 불가능하다는 것을 우리는 안다. 아주 먼 미래, 인공지능의 도움을 받게 된다면 가능할지도 모르겠다.

우리는 자신만의 이닝 수를 책임지는 투수다. 누군가는 짧고 강렬한 순간을, 누군가는 길고 꾸준한 시간을 맡는다. 중요한 것은 자신의 자리에서 최선을 다하는 것, 그것이 결국 우리가 함께 완성하는 건강한 삶의 비결이다.

뷰티플 랜딩-아름다운 착륙

나의 여동생의 남편은 항공사 파일럿이다. 이전에는 여느 사람들처럼 비행기를 탈 때마다 이륙하고 착륙하는 과정을 무심히 느끼기만 했다. 기체가 흔들리면 불안했고, 부드럽게 내리면 그저 안도했다. 그러다 동생이 파일럿과 결혼하고 나서부터는 비행기를 다른 눈으로 보게 되었다. 활주로에 닿는 그 순간, 누군가의 손끝에서 이 거대한 쇳덩이가 대지 위에 안착하는 과정을 상상하게 되었다.

비행기의 '소프트 랜딩'이란 승객이 거의 느끼지 못할 정도로 부드럽게 착륙하는 것을 말한다. 마치 구름 위에 내려앉듯 편안한 착륙. 그런데 이 '소프트 랜딩'이 가능하려면 수많은 조건들이 충족되어야 한다. 적절한 접근 속도와 고도 유지, 바람의 방향과 속도

계산, 그리고 무엇보다 조종사의 숙련된 기술과 경험이 필요하다. 이런 경험이 쌓이기까지 수천 시간의 비행과 수백 번의 착륙을 거쳐야 한다. 그제서야 유명한 침대 광고처럼 "흔들리지 않는 편안함"을 선사할 수 있다는 것이다.

내가 존경하는 목사님께서 말씀을 나누실 때 자주하시는 말씀이 "Beautiful landing"을 하는 노년기를 맞이하고 싶으시다는 것이다. 보통 비행기는 착륙하기 수십분 전부터 착륙에 대한 안내방송이 나오고 그 때부터 비행기는 조금씩 조금씩 고도를 낮추다가 드디어 안전한 착륙(SOFT LANDING)`을 하게 되는데, 인생의 마무리를 할 때 이러한 소프트랜딩을 넘어 뷰티플랜딩(BEAUTIFUL LANDING)을 하고 싶으시다는 것이다.

건강검진센터에서 일하는 나에게 '뷰티플랜딩'이란 단어는 건강관리에 있어서도 의미심장한 단어로 다가온다.

우리는 모두 시간이라는 여정을 날아가고 있다. 유년기, 청소년기, 청년기, 중년기, 노년기. 각각의 시기마다 신체는 조금씩 변화한다. 이 변화를 어떻게 맞이하는가에 따라 인생의 착륙 방식이 결정된다고 할 수 있다.

젊은 시절에는 특별한 관리를 하지 않아도 건강 문제가 바로 눈에 보이게 나타나지 않는다. 오히려 청년 시절은 에너지를 더 쏟아서 높은 하늘로 비상하는 데 전력을 다하는 시기다. 비행기가 하늘

높이 올라 순항할 때는 아래의 세계가 얼마나 멀리 있는지, 자신의 상태가 어떤지 알기 어렵다. 모든 것이 작게 보이고, 거리감이 없어진다.

그러나 나이가 들면서 인생의 후반기로 접어드는 시기가 되면, 하나씩 아쉬운 부분들이 드러나게 된다. 착륙을 준비하는 비행기처럼 지상이 가까워지면서 현실이 더 또렷해지는 것이다. 미리 건강을 위해 준비하지 않았다면 그때서야 아쉬움과 안타까움이 밀려온다.

검진센터에서 일한 지 15년이 되었다. 그 시간 동안 나와 함께 건강검진 결과 상담을 받는 수진자들 중에는 오랫동안 나를 찾아오는 분들이 많아졌다. 처음 상담을 시작할 때는 60대 중반이었던 분들이 이제는 70대 후반, 또는 80대에 이른 분들도 있다. 그들의 변화를 지켜보는 것은 최고의 고도를 힘차게 날아가던 비행기가 목적지로 점차 가까워지면서 착륙을 준비해 가고 있는 모습을 보고 있는 것과 같다.

70대 중반까지는 매년 에너지가 넘치게 활동적으로 살아온 분들이 어느 순간부터 신체 나이가 주민등록상의 나이를 따라잡는 것을 매년 느끼게 된다. 언제나 당당하고 자신감 있고, 에너지가 넘치던 분이 그 다음 해에 오셨을 때에는 귀가 잘 들리지 않아 의사소통이 힘들고, 이제는 걷기 위해 누군가의 부축이 필요하다.

중년의 시기에 자식들을 양육하고 결혼시키고 나서, 60대 후반부터 손주들을 키우는 데 온몸을 내어주시는 분들도 있다. 70대 후반이 되면 자식들과 손주들이 각자의 삶에 바빠지면서 갑자기 빈 둥지가 된다. 허전함과 외로움으로 건강검진을 오셔서 눈물을 보이는 모습을 종종 보게 된다.

아직 내 나이가 노년기에 들어서지는 않았기에 그 세월을 경험하지 않아 감히 말하기가 조심스럽지만, 건강검진센터에서 오랜 기간 상담을 해 오다 보니 중년기에서 노년기로 접어드는 과정을 곁에서 살필 수 있었다. 그리고 내가 생각하는 뷰티플 랜딩 과정을 잘 지나고 있는 사람들의 모습들이 있다.

먼저, 그들은 나이에 대한 현실적인 인식을 가지고 있다. 나이가 들어감을 부정하지 않고, 건강을 너무 자신하면 안 된다는 것을 명확히 알고 있다. 나이가 들면서 생기는 몸의 변화를 슬퍼하거나 짜증내지 않고, 자연스러운 과정으로 받아들인다. 그 상황 안에서 적응하여 최선의 삶을 꾸려 나가신다는 것이다.

둘째, 그들은 일찍부터 준비한다. 비행기가 착륙 직전에 갑자기 방향을 바꾸려 하면 위험한 것처럼, 건강 역시 노년기에 갑자기 챙기려 하면 어렵다. 젊었을 때부터 근육을 만들고, 운동 습관을 형성하고, 건강한 식습관을 길들이는 것이 중요하다.

셋째, 그들은 사회적 관계를 유지한다. 나이가 들어도 새로운 관계를 맺고, 기존의 관계를 돌보며, 자신의 지식과 경험을 나눈다. 이런 사회적 연결이 정신 건강에 큰 영향을 미치는 것 같다.

가장 안타까운 경우는 지금까지 일과 가족만을 위해 열심히 살아온 사람들 중 이제는 은퇴와 함께 인생의 2막을 맞이하여 그 첫 번째 준비로 건강검진을 하였는데, 중한 병에 걸린 것이 발견되는 것이다. 젊었을 때는 바쁘게 일하느냐고 건강을 돌볼 시간이 없다가 이제 건강을 챙기고, 인생을 즐기면서 살려고 하는데, 이미 많은 문제들이 자리 잡은 후였다. "왜 하필 지금"이라는 안타까움이 든다.

인생의 뷰티플랜딩은 건강의 유지만이 아니다. 정신적 평화, 사회적 연결, 삶의 의미를 찾는 것까지 모두 포함한다. 비행기가 흔들림 없이 부드럽게 땅에 닿듯, 우리의 노년도 그러했으면 한다.

가끔 생각한다. 훗날 나의 마지막이 어떨지. 아마도 비행기처럼 땅에 닿은 후 천천히 속도를 줄이다가 마침내 멈출 것이다. 그 과정이 급격하지 않고 자연스러웠으면 한다. 뷰티플랜딩이란 결국 불가피한 나이들어감의 변화를 받아들이면서도, 그 과정을 최대한 자연스럽고 부드럽게 만드는 노력이 아닐까.

이륙을 한 비행기는 결국 착륙한다. 비행의 성공 여부는 얼마나 부드럽게 땅에 닿느냐에 달려 있다. 우리의 인생도 마찬가지다. 시간의 흐름을 거스를 수는 없지만, 그 흐름 속에서 어떻게 우아하게, 부드럽게 착륙할지는 우리의 선택이다.

"늙어감은 선택이 아니지만, 어떻게 늙어갈지는 선택이다"라는 말이 있다. 뷰티플랜딩은 단순한 착륙이 아니라, 삶이라는 비행의 아름다운 완성이다.

V
—

의사라는 직업은..

100%는 존재하지 않는다

병원에 가면 어떤 의사도 "100% 확신합니다"라는 말을 하지 않는다.

처음 의대생이 되어 교과서에 있는 대부분의 의학적 사실에 대한 기술이 확률에 기초하여 "대략 6-10%"와 같이 명확한 수치를 제시하지 않는다는 것을 알았을 때는 의아했다. 의사란 사람들에게 정확한 답을 주는 직업이 아닌가. 그런데, 의사가 된 나도 진료실에서 환자에게 의학 소견에 대해서 설명을 할 때 몇 퍼센트의 확률을 말하고, "대부분의 경우에는"라는 말 뒤에 "하지만 드물게는", "예측하지 못하는 경우도"라는 단서를 항상 붙인다.

의사로 살아온 시간이 길어질수록 이런 습관은 더 강해진다. 어떤 사실 앞에서도 여러 가능성을 나열하게 되고, 언제나 확률을 이야기하게 된다.

환자들이 진료실에서 가장 많이 묻는 질문들이 있다. "이 치료가 효과가 있을까요?" "이 약을 먹으면 언제 나을까요?" "수술하면 완치가 되나요?"

이런 질문들은 단순하지만, 답은 결코 단순하지 않다.

인간의 몸은 우주와 같다. 그 복잡함과 신비로움은 수천 년의 의학 역사가 흐른 지금도 완벽히 파악되지 않았다. 똑같은 약을 먹어도 어떤 사람은 즉각적으로 효과를 보고, 어떤 사람은 전혀 반응이 없다. 같은 수술을 받아도 누군가는 빠르게 회복하고, 다른 이는 예상치 못한 합병증을 겪는다.

현대 의학이 눈부시게 발전했다고는 하지만, 우리는 여전히 인간 몸이 가진 무한한 변수들을 완벽하게 통제할 수 없다. 그래서 의사들은 항상 확률과 가능성을 이야기한다. "암 5년 생존율이 80%입니다", "이 증상이 암일 확률은 3-10% 정도입니다"라는 식이다.

의학 논문들을 보면 항상 "may", "could", "suggest" 같은 조심스러운 표현들이 등장한다. 한국말로 어조를 표현해 본다면 "어쩌면", "아마도", "~일 수도" 라는 표현이다. 수천 명을 대상으로 한 대규모 의학 연구 결과에서도 확언을 하는 표현은 사용하지 않는다. 초보 의학자들이 논문을 작성할 때 "must be", "should be"와 같은 확신에 찬 표현을 쓰면, 논문을 심사하는 전문가들은 그 어조를 낮추라(tone down)고 조언한다. 이것이 의학의 방식이다.

환자마다 다른 유전적 특성, 생활 환경, 식습관, 스트레스 수준, 면역력 등 수많은 요인들이 치료 결과에 영향을 미친다. 똑같은 질병이라도 개인마다 증상이 다르게 나타나고, 치료에 대한 반응도 천차만별이다. 의학 교과서에 쓰인 전형적인 증상들은 실제 환자들에게서 문자 그대로 "교과서적으로" 똑같이 나타나지 않는다. 교과서는 평균을 말하지만, 내가 마주하는 환자들은 각각의 개별적 증상을 갖고 찾아오기 때문이다. 그래서 교과서만으로는 환자를 진단할 수 없는 이유이다.

때때로 환자들이 확실한 답을 원한다. "선생님, 이 치료법이 100% 효과가 있나요?"라고 물어볼 때, 나는 그들의 눈에서 확신을 갈구하는 간절함을 본다. 하지만 정직한 의사라면 그런 확신을 줄 수 없다. 의학에서 100%라는 것은 존재하지 않기 때문이다.

변비약을 처방할 때 항상 이렇게 이야기한다. "지금 처방하는 변비약이 대부분의 사람들은 먹으면 굉장히 효과가 좋지만 어떤 사람들은 효과도 없고, 오히려 더 불편해지는 경우도 있다. 그래서 일단 1개월 치의 약을 먹어보고 효과가 충분하지 않으면 다시 맞는 약을 찾아서 바꾸어 가겠다". 아마 환자들이 원하는 답은 "이

약 한번만 드시면 변비가 감쪽같이 나을 테니 저를 믿고 열심히 드세요" 일 것인데, 그 기대를 충족시켜 줄 수가 없다.

의사가 할 수 있는 것은 현재 가진 의학적 지식을 바탕으로 그 한계를 알고, 최선의 판단을 하고, 그 판단에 따라 최선의 치료를 제공하는 것이다. 의사와 환자 모두가 이러한 의학의 본질을 이해할 때, 더 나은 치료 결과를 기대할 수 있을 것이다.

진정한 과학자는 자신이 언제든지 틀릴 수 있다는 가능성을 인정하고, 최대한 올바른 결과를 내기 위해 증거를 수집하며, 그 증거들을 바탕으로 최선의 결론을 도출하려 노력하는 사람들이다. 의사도 마찬가지이기에 "100% 확실합니다"라고 말하는 의사는 오히려 신뢰하기 어렵다.

제발 환자들이 "선생님, 확실한 거죠?"라는 질문을 하지 않기를 바란다. "확실한 건 없어요"라고 말하기에는 환자들의 눈빛은 언제나 너무 절박하다. 나는 그들에게 확실함을 줄 수는 없지만 불확실성이 좀더 확실한 쪽에 가까워지도록 연구하고, 최선을 다하고, 환자들에게 나의 마음을 전달하고자 한다.

노벨물리학상 수상자 리처드 파인만의 말이 떠오른다. "과학이란 전문가들의 무지를 믿는 것이다(Science is the belief in the ignorance of experts)." 100%의 확신은 없지만, 100%의 노력과 헌신이 있을 뿐이다.

등잔 밑이 어둡다

의사라는 직업은 아픈 사람들을 치료하는 일이지만, 가끔은 그 직업의 손길이 가장 가까운 사람들에게는 제대로 전달되지 못할 때가 있다. 의사들은 몸에 불편한 증상이 있더라도 큰 문제가 없다고 판단되면 "괜찮다", "별거 아니다"라고 말한다. 이것은 환자를 안심시키기 위함이기도 하지만, 때로는 그 말이 습관처럼 입에서 흘러나오기도 한다. 한번은 초등학생 조카가 배가 아프다고 해서 동생이 "이모에게 물어보자"라고 했더니 "이모는 다 괜찮다고 하잖아"라는 이야기를 했다는 것을 듣고 한참을 웃었다. 그 말을 들었을 때 웃음이 나왔지만, 한편으로는 조카의 말 속에 숨겨진 작은 실망감이 느껴졌다. 아마도 조카는 이모인 내가 그의 아픔을 진지하게 받아들이지 않는다고 생각했을지도 모른다.

의사들을 주인공으로 하는 드라마의 한 장면을 보고 많이 공감되고, 마음이 무너져 내렸던 적이 있다. 극 중에 신경외과 교수인 주인공의 어머니가 파킨슨병을 진단받는 장면인데, 밀려드는 신경외과 환자 수술로 너무 바빴던 주인공이 정작 어머니에게 파킨슨병의 증상이 나타나고 있다는 것을 알아차리지 못하고, 병원에 온 엄마를 돌보지 못한 채 본인 환자를 돌보느라 엄마를 만나지도 못하는 장면이었다. 그리고 나중에 엄마가 파킨슨병이라고 다른 동료 의사에게 전해 듣고는 울음을 터뜨리는 장면이었다.

그 장면은 의사들의 현실을 그대로 비춰주는 거울 같았다. 나도 가족이 병을 진단받게 되면 마음이 무거워지는 경우가 많다. 내가 다른 환자들을 돌보고, 그들의 건강을 챙겨주느라 밤새 일하는 동안 정작 나의 가족들은 자주 만나지도 못해서 병이 생긴 것을 알아차리지도 못하고 제대로 보살펴 주지 못하는 경우가 있기 때문이다.

우리는 뉴스 속 낯선 이의 사연에는 눈물을 흘리면서, 정작 내 가족의 힘든 일들은 대수롭지 않게 여기는 아이러니가 있다. 타인의 질병은 세밀하게 관찰하면서도 내 곁의 가장 소중한 이들의 질병은 흘려 보는 경우가 있다.

병원에서 만나는 환자에게는 철저히 진행했을 검사나 진찰을 가족에게는 괜찮겠거니 하는 안일함과 무심함으로 하지 않다가 치료가 지체되어 후회하는 경우도 있다. 환자였다면 친절하게 하나하나 설명해 주었을 소견들도 가족들에게는 "괜찮아" 한 마디로 끝내는 경우도 많다. 이런 모순적인 상황은 의사로서의 나와 가족 구성원으로서의 나 사이의 경계가 모호해질 때 발생한다.

어머니가 뭔가 몸이 아파 보이셔서 여쭈어 보면 늘 하시는 말씀은 "다른 환자 보느라 잠도 못 자고, 밥도 못 먹고 사는데, 나까지 너한테 걱정거리가 되면 어떻게 하니? 나는 괜찮아"이다. 어머니에게는 의사로 고되게 살아가는 딸의 피곤이 본인의 건강보다 훨씬 중요한 것이다.

어머니의 이런 말씀은 나를 안심시키는 동시에 가슴 한 편을 찌릿하게 한다. 그 말 속에는 자식을 향한 무조건적인 사랑과 함께, 내가 미처 돌보지 못하는 부분에 대한 넓은 이해가 담겨 있다. 간혹 어머니의 괜찮다는 말씀이 사실이 아니라, 단지 나를 걱정시키지 않으려는 배려에서 비롯된 것은 아닐까 하는 생각이 들어 다시 정신을 차리고, 여쭈어 보는 경우가 있다.

의사에게 "의사 가족"이라는 것은 때로는 무거운 책임감과 미안함을 동반하지만, 그 속에는 서로를 향한 깊은 이해와 사랑이 있다. 바쁜 일상 속에서도 가족들이 보내주는 기도 메시지, 퇴근 후 집에 돌아왔을 때 부모님이 보내주신 건강식품 택배 물품을 받았을 때, 집에 찾아뵙고 올 때면 손에 조심스레 쥐어 주시는 반찬

들… 이런 소소한 순간들이 나를 다시 일어설 수 있게 하는 힘이 된다.

요즘은 가급적 가족들과 자주 만나고 통화도 자주하려고 한다. 비록 짧은 시간이지만, 얼굴을 보며 이야기를 나누다 보면 서로의 건강 상태도 확인할 수 있고, 마음도 잘 전할 수 있게 된다. 이런 작은 노력들이 모여 우리 가족의 건강과 행복을 지켜낼 수 있지 않을까 생각한다. 때로는 의사라는 직업적 정체성을 내려놓고, 그저 딸로서, 언니로서, 이모로서 함께하는 시간이 필요하다.

진정한 치유자는 멀리 있는 이들뿐만 아니라 가까이 있는 이들의 마음까지 보듬을 수 있는 사람이 아닐까. 그리고 그 시작은 가장 가까운 곳, 바로 '의사가족'에서부터 비롯된다.

감정의 온도조절이 필요하다.

나를 오랜 기간 보아 온 사람들은 내가 차분하고, 감정 조절을 잘하는 사람이라고 생각한다. 오랜 병원생활이 만들어낸 훈련된 통제력이 성공적으로 내 일부가 된 것처럼 보인다. 그러나 흰 가운 아래에서는 눈물샘이 터지는 순간들이 있다.

건강검진을 하고 결과를 상담하다 보면 저마다의 다양한 인생사를 가진 수진자들이 찾아온다. 단순한 연례행사처럼 검진을 하게 된 것이 아니라 특별한 동기로 고액의 비용을 들여 검진을 받은 사람들 중에는 상담 중에 자신의 인생사를 털어놓는 경우가 많다. 내 얼굴이 속 이야기를 털어놓기 편하게 생긴 것인지, 유독 자신의 속마음을 드러내는 사람들이 많다.

가장 자주 듣는 사연들은 이런 것들이다:

사랑하는 가족을 떠나 보내고, 남은 가족 (부모님이나 자식들)을 돌보기 위해, 본인이 건강해야 한다는 절박감으로 건강검진을 하게 된 이야기. 떠난 이의 빈자리는 남겨진 사람들에게 책임감으로 남는다.

자식을 최선을 다해 키워놓고, 이제는 편해질까 싶었는데, 나이가 들어서는 손주들을 키워 주다가 몸이 여기저기 아프고 지쳐서 건강검진을 하게 된 이야기. 그들의 손은 아이들을 키우느라 주름졌고, 등은 삶의 무게로 굽었다.

한평생 일만 하고 살다가 이제는 자신에게 선물을 주어야겠다는 생각으로 고액의 건강검진을 신청하게 된 이야기. 스스로를 돌보지 못했던 시간들에 대한 보상처럼.

결과상담 시간은 제한되어 있기에 이 모든 사연을 끝까지 들어줄 수는 없어서 항상 안타깝고 미안하다. 하지만 가끔 이야기에 몰입하면 시간이 훌쩍 지나가서 다음 예약 수진자를 너무 기다리게 해 원망을 듣는 경우도 있다. 각자의 사연이 있지만 건강검진 결과가 좋게 나오면 '병이 없고 건강한 것에 감사하며 살아가자'라는 결론으로 아름답게 상담을 마무리할 수 있다. 그러나 검진에서 중한 질병이 진단된 경우에는 어쩔 수 없이 수진자와 함께 눈물을 흘리게 되는 경우도 있다.

좋은 의미로 눈물을 흘리는 순간도 있다. 오랜 기간 나에게 항문 진료를 받아온 환자들이 진심으로 "선생님 덕분에 제가 다시 행복하게 살아요"라고 말할 때 순간 눈물이 핑 돈다. 내 진심이 닿았다는 행복감, 환자가 진짜로 좋아졌다는 성취감이 뒤섞인 감정이다. 마치 작은 씨앗을 심고 그것이 자라 꽃을 피운 것을 보는 것과 같은 기쁨이다.

의대에 입학하고 항상 들어왔던 충고가 있다. "의사는 너무 감정에 휘둘리면 안 되고 평정심을 유지해야 한다. 환자에게 지나친 감정이입은 좋지 않다." 이 말은 마치 의사의 심장이 울리는 소리를 작게 해야 한다는 것처럼 들린다.

의사의 감정도 "자동온도조절"이 되어서 어느 정도의 적정선 안에서 조절이 되면 좋을 텐데, 이것은 참으로 어렵다. 하지만 한편으로는, 의사에게서 사람 냄새가 나는, 단지 의료기술을 전달하는 치료의 도구만이 아닌, 인간으로서 마음을 전달하는 치유의 손길이 될 수 있다면 감정의 온도를 인위적으로 조절할 필요는 없다고 생각한다.

필요한 것은 감정의 온도계를 항상 눈앞에 두고, 위험온도로 넘어가지 않는지 스스로를 돌아보는 정직한 자의식이다. 감정을 억누르는 것이 아니라, 그것을 알아차리고 인정하고, 조절하는 것이 필요하다.

의학은 사람을 치료하는 학문이지만, 환자를 진정으로 치유하는 것은 의사의 따뜻한 손길과 공감하는 마음이다. 완벽한 감정의 온도조절이란 없다. 다만 환자의 아픔에 공명하면서도 흔들리지 않는 균형점을 찾는 것, 그것이 의사로서 평생 추구해야 할 미덕으로 느껴진다.

딴 짓을 할 수 있다.

의사라는 직업은 그 직업을 갖기 위해서 면허가 있어야 한다.

우리 사회에 면허가 필수인 직업은 많지 않다. 면허라는 것은 일종의 자격증이지만, 단순한 자격증과는 다르다. 면허가 없으면 해당 일을 할 수 없다는 뜻이다. 의사, 교사, 법조인, 항공기 조종사처럼 인간의 생명이나 사회적 질서와 직결된 직업들이 대부분 면허를 요구한다. 그중에서도 의사는 가장 엄격한 면허 제도를 가진 직업 중 하나다.

그런데 "딴짓하는 의사들"이라는 모임이 있다는 것을 알게 되었다. 의사라는 직업을 가지고 있으면서, 임상과 상관없는 딴짓을 하는 의사들의 모임이다. 직접 참여하고 있지는 않지만, 대학 동기가 그 모임에 참여하고 SNS에 공유한 것을 보고 흥미를 가지게 되었다. 모임의 취지와 그 명칭이 꽤 마음에 들었다.

여기에서 '딴짓'의 정의를 먼저 명확히 하고 이야기를 풀어가야 할 것 같다. 딴짓이라 함은 통상적으로 병원에서 환자의 진료에 관련된 의료행위, 즉 검사, 진단, 치료 등의 임상 행위 이외의 것이라고 개인적으로 정의해보고 시작하겠다.

나의 의과대학 동기들 중에도 딴짓을 하고 있는 경우가 많다. 내분비내과 의사이자 비만을 연구하는 뇌과학자 친구, 혈액종양내과 의사이자 책을 쓰는 작가, 신장내과 의사이자 컨설팅회사와 투자회사 임원, 응급의학과 의사이자 디지털 헬스케어 전문가 등이다.

나의 경우도 의사라는 면허 덕분에 환자를 진료하고, 건강검진 상담을 통해 축적된 경험으로 인문, 사회, 과학, 공학 등에 관심을 갖고 딴짓을 해보려고 노력을 많이 하고 있다. 의사라는 직업은 어떤 면에서 고립된 섬 같기도 하다. 우리는 의학이라는 깊고 넓은 바다에서 수영하느라 다른 세계를 돌아볼 시간이 없다. 하지만 바다 위로 고개를 들어 주변을 둘러보면, 의외로 다양한 섬들이 보이기 시작한다.

병원, 헬스케어, 의료라는 것은 그에 대한 전문성과 경험이 없으면 도저히 이해할 수 없는 폐쇄된 분야이기 때문에 그 안에 있는 사람들이 나와서 딴짓을 해야만 융합하여 접목할 수 있다. 의학이라는 바다는 깊고 넓어서 바깥 사람들은 쉽게 들어올 수 없다. 그렇다면 의학 하는 사람들이 밖으로 나가는 수밖에 없다.

최근 의대 교육에 대한 이야기도 많고, 한국에서 과학 부문에 노벨상 수상자가 나오지 않는 것에 대한 고민들이 많다. 또한 의사라는 직업의 명암에 대한 사회적 논란도 많다. 우리는 종종 전문화의 함정에 빠진다. 좁은 영역에서는 깊이 파고들지만, 그 지식을 다른 영역과 연결하지 못하는 것이다. 그런데 역설적으로 인류의 위대한 발견들은 서로 다른 분야의 지식이 충돌하고 융합할 때 탄생했다.

내가 근무 중인 병원에서 나는 연구소 관련, 병원 홍보 관련, 미래건강 사업 관련, 의료 질 관리 및 환자 안전 등에서 보직을 맡았고, 대장항문외과 의사와 건강검진센터 전문 의사로 일함과 동시에 융합의학과의 겸무 교수로도 근무하고 있다. 이렇게 여러 분야를 넘나드는 것은 때로는 힘들다. 한 분야에 몰입하는 것보다 더 많은 에너지를 필요로 한다. 하지만 동시에 신선한 자극이 되고, 나를 계속해서 깨어 있게 한다.

우리는 종종 의사라는 직업을 단순히 환자를 치료하는 것으로 생각한다. 하지만 의사면허증이 허가해 준 여러 경험과 전문성을 바탕으로 나는 여러 가지 딴짓을 할 수 있다. 의사라는 직업은 그 자체로 하나의 렌즈가 된다. 인공지능 산업, 마케팅, 브랜딩, 디지

털 헬스케어 사업, 피트니스 산업, 실버케어 산업, 병원 공간 디자인, 공학, 자연과학 등 다양한 분야에서 좀 더 전문적이고, 현장에서 도움이 될 수 있고, 선도적으로 이끌어 갈 수 있는 역할을 의학과의 융합을 통해 이끌어 낼 수 있다. 그리고 이 렌즈를 통해 세상을 바라보면, 다른 사람들이 보지 못하는 것들이 보인다.

오늘도 나는 의학과 협력할 수 있는, 즉 손을 잡고 사람의 생명과 인류에 도움이 될 수 있는 딴짓이 있는 지를 찾기 위해 계속 공부하고, 연구하고, 고민한다. 지금 이 순간 책을 쓰고 있는 나의 작가로서의 모습 또한 나의 딴 짓이다.

스티브 잡스가 남긴 유명한 말이 있다. "점들을 앞으로 연결하는 것은 불가능합니다. 오직 뒤돌아보면서만 점들을 연결할 수 있죠. 그러니 여러분은 그 점들이 미래에 어떻게든 연결될 것(Connecting The Dots)이라고 믿어야만 합니다." 의사로서의 경험, 그리고 다양한 분야에서의 '딴짓'들이 언젠가는 하나의 그림으로 연결될 것이라고 믿는다. 그 그림이 어떤 모습일지는 아직 알 수 없지만, 그것이 누군가의 삶에 긍정적인 변화를 가져올 수 있다면, 그것으로 충분하다.

내향인이 인싸가 될 수 있다.

나는 상당한 내향인에 속한다. 전혀 모르는 사람들 사이에 놓이게 되면 겉으로는 미소를 짓고 있을지 몰라도, 내면에서는 작은 지진이 일어나고 있다. 오랜 시간 쌓아 온 사회성 훈련들 덕분에 타인은 내 불편함을 알아채지 못한다. 하지만 사실 나는 그 순간 상당한 에너지를 소모하고 있다.

내향인에게 새로운 모임은 모든 것이 낯설고 불안하다. 누군가 내게 말을 걸어올까 두려워하면서도, 동시에 아무도 내게 관심을 보이지 않을까 걱정한다. 이 모순된 감정은 내향인만이 이해할 수 있는 특별한 종류의 고통이다. 시간이 흐를수록 혼자만의 시간이 절실해지고, 이런 감정들과 씨름하느라 정신적으로 지치게 된다. 마치 핸드폰 배터리가 빠르게 소모되는 것처럼, 나의 사회적 에너지는 급격히 방전된다.

　이러한 천성적인 극강의 내향인 기질로 인해 새로운 모임에 가는 것은 굉장한 용기와 결심이 필요하다. 그런데 어느 날 깨달았다. 내가 가진 것 중에 이런 상황을 역전시킬 수 있는 무기가 있다는 것을. 그것은 바로 의사라는 직업이다.

　어떤 모임을 가든 그 중에는 적어도 한 명은 건강 관련 문제를 가지고 있기 마련이다. 그리고 의사를 만나면 꼭 물어보고 싶은 질문을 한두 가지씩은 가지고 있다. 나는 웬만하면 나를 모르는 사람들이 있는 곳에서 내가 의사임을 밝히지 않는다. 그것은 일종의 방어 기제이자 평범함을 유지하기 위한 작은 편리함이다. 하지만 서로 인사를 하고 아이스브레이킹 시간이 지나다 보면, 자연스럽게 직업에 관한 이야기가 오가고 결국 내가 의사임을 밝히게 된다. 그리고 그 순간, 마법이 일어난다.

　나는 특히 대장항문외과 의사라서 대장암, 치질, 변비에 대해 전문가이고, 건강검진센터에서 상담을 하고 있다. 이런 질병들이나 건강검진 결과에 대한 궁금증은 누구나 한두 개씩 가지고 있다. 사람들은 일상에서 쉽게 물어볼 수 없었던 질문들을 내게 던지기 시작한다. "선생님, 변이 가늘어지면 정말 암인가요?", "건강검진에서 대장 용종이 발견됐는데 걱정해야 할까요?", "치질은 수술 안 하고도 좋아질 수 있나요?"

게다가 나는 건강검진센터에서 결과상담을 수년간 해온 경험이 있어서 의료인이 아닌 사람에게 쉽게 설명하는 능력이 발달해 있다. 어느새 극강의 내향인인 내가 모임의 중심이 되어 여러 이야기를 하게 된다. 전혀 알지 못하던 사람들과 빠른 시간 안에 친밀감이 높아지고, 그렇게 알게 된 인연이 오랜 기간 이어지는 계기가 된다.

이런 경험을 통해 나는 의사라는 직업이 내향인인 나에게 준 특별한 선물에 감사함을 느낀다. 나의 전문성은 낯선 모임에서도 자연스럽게 대화의 중심이 될 수 있게 해주며, 사회적 상호작용의 자연스러운 통로가 되어준다. 평소라면 불편하고 어색한 자리에서도, 의학적 전문성을 바탕으로 사람들의 건강 고민을 들어주고 도움이 되는 조언을 해줄 수 있다.

내가 손으로 병을 고치고, 손길로 희망을 심는 의사가 되고 싶었던 이유는 단순히 질병을 치료하는 것을 넘어, 사람과 사람 사이의 연결을 만들어내고 싶었기 때문인지도 모른다. 내향인이라는 나의 본질적 특성이 의사라는 직업을 통해 더 풍요롭게 발현될 수 있다는 것은 내 삶의 작은 기적이다.

삶과 죽음의 경계에서 균형을 잡다

 의사라는 직업은 단순히 질병을 치료하는 것을 넘어 삶과 죽음의 경계에서 균형을 잡는 일이다. 내가 이 사실을 깨달은 것은 할아버지의 마지막 시간을 함께하면서였다.

 나는 흔히 말하는 종가집의 장손이다. 우리 가문의 혈통을 따라가 보면 할아버지는 6남매의 장남이시고, 아버지는 10남매의 장남이시다. 그 뒤를 이어 나는 아버지의 2녀 중 장녀로 태어났다. 가문의 위계질서 속에서 나는 특별한 위치에 있었다. 특히 바로 아래 사촌들과 나이 차이가 있다 보니, 어린 시절부터 나름대로 집안에서 종손 장녀로서 권위가 있다고 나 혼자 생각하고 있었다. 할아버지와 할머니께서 장손으로 나를 인정해 주시고, 유독 많이 사랑해 주셨기 때문이었다.

그런데 나이가 들면서 깨달은 사실이 있다. 장손의 권위만으로는 부족했을 나의 역할이 의사라는 직업을 통해 완성되었다는 것이다. 우리 가족에서 의사는 나 밖에 없었기에, 자연스럽게 가족 내 중요한 의사결정권자의 역할을 맡게 되었다. 특히 할아버지, 할머니의 노년 시기 의학적 소견에 대한 결정들은 대부분 내 손에 달려 있었다.

우리 가족에게 결정적인 순간이 찾아왔다. 80대 중반에 접어든 할아버지가 매우 초기 단계의 암을 진단받으셨을 때였다. 수술을 받을 것인가, 말 것인가의 선택 앞에 우리 가족은 망설이고 있었다. 상황은 복잡했다. 할아버지는 이미 고령이셨고, 고혈압, 폐질환 등으로 전신마취를 동반한 큰 수술을 받게 되면 회복이 쉽지 않은 상태였다. 게다가 다행스럽게도 암은 굉장히 초기 단계였기 때문에 할아버지의 연세를 고려해 보면 이 암으로 인해 생을 마감하실 가능성은 낮아 보였다.

이런 상황에서 의사들은 대개 철저히 교과서적인 이야기를 한다. "수술을 받지 않으면 암이 심해질 수 있습니다." 그리고 동시에 "수술을 받고 나서 각종 합병증으로 고생을 할 수 있습니다."라고 말이다. 결국 수술을 받으라는 건지 말라는 건지 알 수 없는 애매한 조언만 남게 된다. 의사는 종종 결정을 내리는 무게를 환자와 가족에게 넘기는 경향이 있다.

그 순간 나는 종합병원의 의사이자 장손이라는 두 가지 정체성 사이에서 균형을 찾아야 했다. 철저히 의학적 사실을 근거로 하되, 우리 할아버지의 남은 여생의 삶의 질과 행복을 최대한 고려하는 판단이 필요했다. 오랜 고민 끝에 나는 수술을 하지 않는 것으로 결정했다.

이런 선택을 하게 되는 경우, 많은 가정에서는 수술을 하자는 가족들과 하지 말자는 가족들로 나뉘어 의사 결정이 어려워지고, 가족들 사이에 분란이 일어나는 경우가 많다. 그 중간에서 환자는 점점 고통 속에 빠지게 된다. 하지만 다행히도 우리 가족은 달랐다. 모든 가족들이 내 의견을 존중해 주었고, 할아버지 역시 내 결정을 믿고 따라 주셨다.

할아버지께서는 당시 수술을 받지 않으셨고, 놀랍게도 매우 건강하게 수년 이상을 더 사셨다. 거의 90세에 이르러 전날 저녁까지 식사를 맛있게 하시고, 그 다음날 아침에 깨어나지 않아 응급실로 이송되셨다. 응급실에 가서도 나는 심폐소생술은 하지 않도록 요청했다. 그렇게 할아버지께서는 고통 없이 평안한 가운데 뒤늦게 도착한 모든 가족들과 천천히 인사를 하시고 생을 마감하셨다.

할아버지가 평안하게 돌아가시고, 그 얼굴에서 지극한 평화가 느껴지는 순간, 나는 의사가 되었음에 깊은 감사함을 느꼈다. 나를 너무나 사랑해 주신 할아버지의 노년의 여생에 실질적인 도움을 줄 수 있었다는 사실이 큰 위안이 되었다. 만약 내가 장손이 아니었고, 의사가 아니었다면 이러한 결정들은 많은 반대나 저항에 부딪혔을 텐데, 모든 가족들이 감사하게도 내 의견을 따라 주셨다.

 의사라는 직업은 단순히 병을 치료하는 것이 아니라, 삶의 질을 고려하는 균형 잡힌 판단을 통해 환자와 가족의 마음까지 보살피는 일이다. 때로는 적극적인 치료보다 편안한 마무리가 더 큰 의미를 가질 때가 있다.

 의사는 질병만 보는 것이 아니라 환자의 전체 삶의 맥락을 보아야 한다. 그것이 진정한 치유의 시작이다. 할아버지의 마지막 여정을 함께하며 나는 이 사실을 몸소 깨달았다. 때로는 치료를 멈추는 결정이 더 큰 치유가 될 수 있다는 역설적 진리를..

육체를 치료하고, 마음도 치유할 수 있기를 소망한다.

1-2세기 로마의 풍자시인 유베날리스는 "건강한 육체에 건강한 정신이 깃든다"라는 유명한 문구를 남겼다. 2000년 전의 사람들도 이미 육체와 정신의 불가분한 관계를 간파하고 있었던 셈이다. 흥미로운 점은 이 문장을 뒤집어 보면 더 명확한 진실이 드러난다는 것이다. "병든 육체에는 건강하지 못한 정신이 깃든다." 병원을 찾는 사람들의 얼굴에서 이 진실을 매일 목격한다.

내가 만나는 환자들은 대부분 몸의 고통으로 인해 마음까지 편치 않은 사람들이다. 건강검진을 받으러 오는 이들조차 어딘가 아프다는 신호를 감지하고 병을 확인하러 오는 경우가 많다. 그들의 얼굴에는 이미 불안과 공포가 드리워져 있다. 육체의 통증만큼이나 마음의 그림자가 깊게 새겨져 있는 것이다.

한 환자의 이야기가 오래도록 내 마음에 남아있다. 유방암 수술을 앞둔 그 환자는 수술 전날 밤 한숨도 자지 못했다고 했다. 차가운 수술대로 옮겨지고, 눈부신 조명 아래 낯선 사람들에게 둘러싸인 채 온몸이 공포로 떨렸을 때, 병실에서부터 자신을 돌봐주던 1년차 전공의가 다가와 손을 꼭 잡아주었다고 한다. "한 숨 자고 일어나면 잘 끝나 있을 거예요. 제가 계속 옆에 있으니 걱정마세요." 그 말과 함께 마취가 되어 의식을 잃는 순간까지 의사의 손을 꼭 붙잡고 있었다고 한다. 환자는 그 순간 모든 걱정이 사라지고 마음 편하게 수술을 받을 수 있었다며 고마워했다.

이 이야기를 들은 후, 나는 수술실에 들어갈 때마다 환자의 손을 잡아주었다. 따뜻한 손길, 공감하는 눈빛 하나가 환자에게 큰 용기를 줄 수 있다면, 그것이야말로 그날 내가 할 수 있는 가장 가치 있는 행동이라고 생각했다.

건강검진센터에서도 비슷한 상황을 자주 목격한다. 검진을 받으러 오는 사람들은 대개 몸 어딘가가 아파서 오는 경우가 많다. 병원을 찾을 정도로 심각하지는 않지만, 몸에 무언가 문제가 생겼을 것 같은 불안감에 전반적인 검사를 받으러 오는 것이다. 내시경 검사 중 조직검사라도 하게 되면, 검사 결과가 나올 때까지 밤잠을 설치는 경우가 대부분이다. 스스로 이미 암에 걸린 것으로 단정하고, 가족들에게 조직검사 사실조차 숨긴 채 암 선고를 받기 위해 상담 날짜를 기다리는 이들도 많다.

그래서 나는 조직검사를 받은 환자가 진료실에 들어오면 가장 먼저 "검사 결과는 문제가 없습니다"라고 말해준다. 조직검사를 하지 않았더라도 종합검진 후 불안에 떨고 있는 이들에게는 "검사하신 내용 중에는 크게 걱정하실 내용은 없으니 안심하고 들으세요"라고 말한다.

이미 머릿속에서 암환자가 되어 있던 사람들에게 건강하다는 결과를 전하면, 병색이 깃들었던 얼굴이 순식간에 환하게 변한다. 깊은 안도의 한숨과 함께 환한 미소가 번지는 순간을 볼 때마다, 의사라는 직업이 좋은 소식으로 마음을 치유할 수 있다는 사실에 감사함을 느낀다.

하지만 더 복잡한 경우도 있다. 과도한 스트레스나 소진증후군(Burn out syndrome), 업무부담으로 살이 빠지고 무기력감에 빠진 것인데, 큰 병에 걸린 것은 아닌지 걱정이 되어 건강검진을 찾는 이들이 적지 않다. 이런 경우, 단순히 "검사 결과는 다 정상입니다"라고만 말하는 것은 건강검진의 목적을 반만 달성하는 셈이다. 몸은 분명히 힘든데 검사 결과는 정상이라고 들으면, 오히려 더 큰 절망에 빠진다. '나는 도대체 어느 병원을 더 가봐야 하나? 내 병은 희귀병인가, 불치병인가?' 이런 생각에 여러 건강검진센터를 전전하며 같은 검사를 반복하는 이들이 많다.

정서의 불안정함이 신체적 증상으로 나타날 수 있다. 이런 환자들에게는 먼저 검진을 통해 실제 질병이 없음을 확인시켜 주고, 그 다음은 정서적 지지가 필요하다. 질병이 없음이 확인되었으니 우선 큰 걱정은 하지 말고, 스트레스로 인해 몸이 이렇게 불편할 수 있다는 사실에 충분히 공감해 주어야 한다. 그리고 적절한 스트레스 관리와 정신건강 케어 방법을 안내해 주는 것까지가 최종 상담이 완료되었다고 할 수 있다.

물론 15분이라는 짧은 상담 시간 안에 검사 결과 설명과 함께 이 모든 것을 완벽하게 해내기는 어렵다. 그러나 짧은 시간이라도 환자의 불안에 공감하고, 위로를 건네는 것만으로도 그들의 마음을 조금이나마 치유하는 데 도움이 된다고 믿는다. 실제로 짧은 상담 후에도 '내 마음을 알아준 사람이 있다'는 위로, '큰 병은 없다'는 안도감, '이제 좀 나아질 수 있다'는 희망을 안고 진료실을 나가는 사람들의 모습을 볼 때면, 오늘 하루도 내가 가치 있는 일을 했다는 생각에 감사함을 느낀다.

의사로 일하면서 이런 경험들이 특별히 감사한 이유는, "나"라는 사람 자체는 누군가를 위로하거나 치유할 수 있는 자격이 없지만, 단지 의사라는 가운을 입고 있기에 환자들이 내 말에 귀 기울여 주고, 내 손길이나 말 한마디가 위로와 치유의 의미로 전달될 수 있다.

　육체를 치료하는 의사이지만, 때로는 마음까지 치유할 수 있다는 사실은 이 직업의 가장 큰 특권이자 책임이다.

마지막을 함께 할 수 있어 감사하다

의사라는 직업은 누군가의 가장 마지막 순간을 함께 하게 되는 직업이다.

가족이 마지막 순간을 앞두고 있으면 많은 사람들이 주변에 알고 있는 의사에게 마지막 동앗줄을 잡는 심정으로 전화를 건다.

어렸을 때부터 교회 생활을 해 오다 보니, 교회 안팎의 지인이 꽤 많다. 그 지인의 범위를 나의 가족들의 지인들까지로 확대하게 되면 학연 (의과대학 인연), 업연 (병원 인연) 이외에도 학교와 병원밖에서 알고 있는 사람들의 수가 꽤 많다. 그래서인지 의학적 상담을 구하는 전화가 꽤 자주 온다.

전화기에 오랫동안 연락이 없던 지인의 번호가 뜨면, 나는 반가움보다 먼저 "무슨 일이 있는 건가" 걱정부터 하게 된다. 그래서 나도 그렇고, 동료 의사들도 그러한 경우가 많은데, 오랜만에 지인에게 전화가 오면, 첫 마디가 "그 동안 잘 지냈니?" 등의 안부 인사를 먼저 건네는 것이 아니라 "무슨 일이 있어서 전화한 거니?" 라고 대뜸 첫 마디가 나가게 된다. 가끔 단순히 안부를 물으려는 지인들은 이런 반응에 당황하기도 한다. 하지만 이것은 경험에서 비롯된 조건반사 같은 것이다. 오랜만의 연락은 대부분 누군가의 위급한 상황을 알리는 메시지가 담겨 있기 때문이다.

실제로 이런 전화의 내용은 대부분 비슷하다. "의사가 이렇게 말하고 갔는데, 무슨 뜻인지 모르겠어요", "연명치료를 계속할지 말지 결정해야 한다는데, 어떻게 해야 할까요?", "이 병원에서 계속 치료받는 게 맞을까요, 아니면 큰 병원으로 옮겨야 할까요?"

생사의 갈림길에서 보호자들은 환자를 대신해서 여러 번의 결정을 내려야 한다. 의학 용어는 생소하고, 상황은 급박하며, 감정은 격앙되어 있다. 때로는 선택이 가지는 의미는 알지만 사랑하는 이에게 차마 내리기 힘든 결정을 앞두고 망설이는 경우도 있다. 그런 순간에 그들은 나에게 전화를 건다.

이런 통화는 때로 밤새 이어지기도 하고, 며칠에 걸쳐 계속되기도 한다. 나는 최대한 객관적인 의학 상황을 쉽게 설명하려 노력한다. 희망적인 이야기만 하는 것은 이미 다른 사람들이 많이 하고 있을 것이기에, 나의 역할은 냉철하게 상황을 인식할 수 있도록 돕고 각 선택지의 장단점을 설명하는 것이다.

때로는 너무 일찍 포기하려는 가족들에게 어디까지 최선을 다해 볼 수 있는지 조언하기도 하고, 반대로 헤어짐을 받아들이지 못해 무의미한 치료를 고집하는 이들에게는 환자의 입장에서 어떤 선택이 더 나을 수 있을지 이야기해준다. 의사로서, 또 가족을 잃어본 사람으로서 양쪽의 시선을 모두 경험했기에 가능한 균형 잡힌 조언을 하려 노력한다.

이렇게 대화가 오가다 보면, 결국 나는 환자가 인생을 마무리하기 직전에 겪었던 모든 치료 과정을 알게 되고, 그 과정에서 내 지인이 겪은 고민과 슬픔, 고통의 깊이도 함께 느끼게 된다.

그래서 내가 속한 공동체 중 누구보다도 부고 소식을 먼저 알게 되는 경우가 많다. 장례식장에 가면, 고인을 직접 뵌 적은 없지만, 영정 사진 앞에서 그분의 마지막 순간이 눈앞에 그려진다. 유족들에게 건네는 위로도 형식적인 "삼가 고인의 명복을 빕니다"가 아닌, "마지막까지 정말 최선을 다하셨어요. 이제 고인께서 평안한 곳에서 진정한 쉼을 누리실 거예요"라는 진심 어린 위로의 말을 하게 된다.

다른 문상객들이 "왜 돌아가셨는지", "유족이 얼마나 힘들어하는지" 궁금해할 때, 나는 유족과 함께했던 시간 덕분에 진정으로 슬퍼하고, 위로하고, 고인의 안식을 위해 기도할 수 있다.

의사라는 직업은 '사이'에 있는 사람이다. 생과 사 사이, 환자와 가족 사이, 의학적 사실과 인간적 감정 사이. 그 경계에서 나는 많은 지인들 가족의 마지막 순간을 함께 해왔다. 직접 치료하지 않았어도, 그 과정을 함께 걸어왔다.

의사이기에 마지막을 함께할 수 있고, 유족을 진심으로 위로하고, 장례식장에서 같이 슬퍼할 수 있음에 감사하다. 이것은 슬프지만 동시에 특별한 특권이기도 하다.

의사라는 직업의 무게

의사 생활을 하면서 스트레스가 극심할 때 동생에게 이야기한 적이 있다.

"의사라는 직업은 참 힘들어. 대부분의 직업은 내가 최선만 다하면 누군가의 생명을 잃는 결과를 보게 되지는 않는데, 의사는 진료의 결과로 생명이 왔다갔다하고, 환자의 죽음까지도 봐야 하는 직업이니까. 그래서 항상 무섭다."

의사는 인간의 생명과 인체를 다루는 직업이다. 인간의 생명은 일단 사망하고 나면 그 생명을 다시 돌이켜 살려낼 수 없다. 우리가 학부 시절 배운 엔트로피의 법칙처럼, 한번 깨어진 인체의 정렬된 구조는 그 이전의 상태로 100% 똑같이 되는 것은 불가능하다.

수술 후 남은 흉터는 시간이 지나면서 점점 희미해질 수 있지만,

완전히 사라지지는 않는다. 뇌출혈 후 회복된 사람도 겉으로는 회복이 다 되어 보이나 미세한 후유증이 남는다. 우리는 이런 작은 변화들을 '합병증 없이 회복되었다'고 표현하지만, 엄밀히 말하면 그것은 우리가 감지할 수 있는 수준의 합병증이 없다는 의미일 뿐이다. 어딘가에 흉터는 남아 있다.

강물이 지나간 자리에 언제나 물길이 남듯이, 의사의 손길이 닿은 몸에는 항상 흔적이 남는다. 그 흔적이 의도한 치유의 자국이든 아니든, 무언가는 변한다.

한번은 이런 생각을 했다. 의사라는 직업처럼 업무 중 어떠한 행위를 했을 때 그 행위가 비가역적인 결과를 가져오는 직업이 또 있을까?

의사로서 느끼는 스트레스는 바로 이 비가역성에서 온다. 내가 내린 판단이 환자의 생명이나 건강에 돌이킬 수 없는 영향을 미칠 수 있다는 사실은 때로는 숨이 막힐 정도의 무게로 다가온다.

그런 무게를 견디기 위해서 나는 매일 새벽에 기도한다. "오늘 하루 진료 중 저로 인해 해를 당하는 사람이 없게 해 주시고, 저를 만난 사람이 행복해질 수 있는 하루가 되게 해 주세요". 기도는 의례적인 것이 아니라, 나를 지탱하는 힘이다.

하지만 역설적으로 이 부담감은 의료 행위의 질을 높이는 동력이 되기도 한다. 실수를 최소화하기 위해 더 신중해지고, 끊임없이 공부하게 되며, 환자의 안전을 최우선으로 고려하게 된다. 밤을 새워가며 의학 저널을 읽고, 동료들과 치열하게 토론하며, 최선의 결정을 내리기 위해 노력한다. 그리고 이런 과정에서 의사로서의 전문성과 책임감이 더욱 단단해진다.

어쩌면 우리 인생 자체가 그러한지도 모른다. 흘러간 시간은 다시 돌아오지 않고, 한번 내린 결정은 완전히 되돌릴 수 없다. 그렇기에 우리는 매 순간을 더 소중히 여기고, 더 신중하게 선택하며 살아가는 것일지도 모른다.

건강검진센터에서 일하며, 나는 이제 다른 종류의 무게를 경험한다. 예전엔 이미 질병을 가진 환자를 치료하는 책임이었다면, 지금은 건강한 사람에게 질병의 가능성을 알려주는 책임이다. 이 또한 가볍지 않다. 누군가의 인생을 완전히 바꿔놓을 수 있는 소식을 전하는 일이기 때문이다.

동료 의사들과 이야기를 나눌 때면, 모두가 각자의 방식으로 이 무게를 감당하고 있음을 느낀다. 어떤 의사는 환자와의 적절한 거리두기로, 어떤 의사는 끊임없는 자기계발로, 또 다른 의사는 동료들과의 연대로 그 무게를 나눠진다. 나는 글쓰기를 통해 그 무게를 조금씩 내려놓으려 한다.

의사라는 직업은 바로 그런 의미에서 특별하다. 비가역적인 결과를 다루는 무거운 책임감을 짊어지고 있지만, 그만큼 타인의 삶에 깊은 의미를 지닐 수 있는 직업이기도 하다.

INFJ라는 성격유형을 가진 나에게, 이 책임감은 때로는 더 무겁게 다가온다. 타인의 감정에 민감하게 반응하고, 모든 상황을 깊이 생각하는 성향 때문일까. 환자의 표정 하나, 말투 하나에도 의미를 부여하고 곱씹게 된다. 하지만 그만큼 환자의 마음을 더 세심하게 살피고 공감할 수 있다는 것은 축복이기도 하다.

나는 오늘도 그 책임감을 안고, 환자의 손을 잡는다. 그리고 그 손길이 누군가에게 희망이 되기를 바란다.

"한 사람의 생명을 구한 사람은 온 세상을 구한 것"이라는 탈무드의 격언이 의사라는 직업의 무게를 극복하게 해 준다. 의사라는 직업의 무게는 크지만, 그 무게만큼 우리가 만들어내는 가치도 크다고 믿는다. 나는 그 생각을 안고 오늘도, 내일도, 그리고 앞으로도 환자를 마주할 것이다.

INFJ 의사의 병원일기

초판1쇄	2025년 7월 15일
지은이	최은경
책임편집	오세진
디자인	김솔솔
펴낸곳	SSLT
펴낸이	최은혜
등록번호	제2025-98호
등록일자	2025년 4월 3일
주소	서울 강남구 언주로 425
이메일	sslt.info.contact@gmail.com

ⓒ 최은경, 2025
ISBN 979-11-992474-0-6

*이 책 내용의 전부 또는 일부를 재사용하려면
 반드시 저작권자와 출판사 양측의 동의를 받아야 합니다.
*책값은 뒤표지에 있습니다.